教科書の公式ガイドブック

教科書ガイド

東京書籍 版

新しい社会

完全準拠

中学社会

公民

教科書の内容がよくわかる

編集発行 あすとろ出版

この本の使い方

小項目ごとに

教科書の節はいくつかの小項目に分けられています。この本では，小項目ごとにいくつかのポイントを示しました。さらに，ポイントをふまえて教科書の内容を整理してあります。

2

赤フィルター

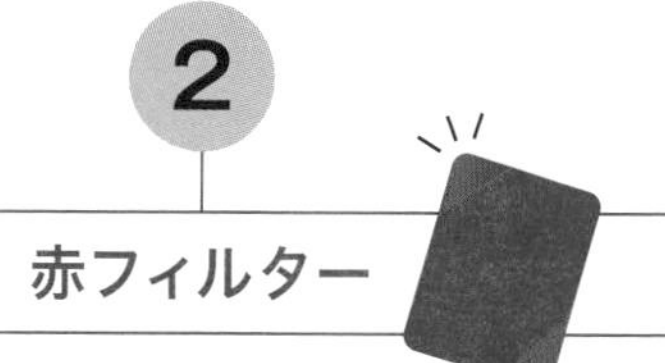

特に重要な公民用語や事項などは**色太文字**で示しました。**色太文字**は，付属の赤フィルターを使ってかくすことができるので，テスト前のチェックなどに活用してください。

解答例

教科書にのっている課題や問いかけに対する，解答や考え方の一例を示しました。この「解答例」も参考にして，自分なりの答えを考えましょう。

図や資料

学習内容を整理し，より分かりやすく理解するために，必要に応じて図や資料などをのせていますので，学習に役立ててください。

定期テストに対策に役立つ「解法のポイント！ 定期テスト完全攻略！」

各章末には，定期テストによく出題される教科書の学習内容や設問パターンをまとめた「定期テスト完全攻略！」を設けました。定期テスト前には，「ココがポイント！」も合わせて必ず目を通し，効率的・効果的な学習を行いましょう。

二次元コード

教科書p.5に掲載されている二次元コードを活用したコンテンツの一部が，こちらからも利用できます。動画などを活用することで，内容の理解が深まります。

＊二次元コードに関するコンテンツの使用料はかかりませんが，通信費は自己負担となります。

目次

第1章 現代社会と私たち

第2章 個人の尊重と日本国憲法

導入の活動　T市のまちの様子から現代社会をながめてみよう

●教科書 p.6～7

みんなでチャレンジ

(1)教科書p.６～７の❶から❻は，次のＡからＣのどれと関係があるか，「Ｙチャート」を使って分類しましょう。

Ａ　グローバル化（世界のさまざまな国や地域との結び付きが深まること）（教科書p.10～11）

Ｂ　少子高齢化（生まれる子どもの数が減り，人口にしめる高齢者の割合が高まること）（教科書p.12～13）

Ｃ　情報化（情報通信技術の発達で社会が変化すること）（教科書p.14～15）

(2)社会では，持続可能な社会（教科書p.８～９）の実現に向けてどのような工夫がされているか，イラストから挙げましょう。また，イラストの中に持続可能な社会の実現にあたっての課題がないか探しましょう。

(3)あなたの住むまちにも見られる，イラストの中の現代社会の特色について，グループで話し合いましょう。

解答例

(1)右図参照

（Ａ　グローバル化）
❶（外国産の魚介類），
❸（案内がピクトグラムや外国語で書かれている），
❻（外国人労働者）

（Ｂ　少子高齢化）
❷（少量パック），
❸（子ども連れの人に便利な設備），
❻（少子化による日本人労働者の不足）

（Ｃ　情報化）
❶（バーコードによる商品管理），
❹（電子マネー），
❺（ICT機器を用いた授業）

Ａ　グローバル化：❶，❸，❻
Ｂ　少子高齢化：❷，❸，❻
Ｃ　情報化：❶，❹，❺

(2)（工夫）防災フェスタの開催，電気自動車の使用，車いす用のスロープ，歩道の点字ブロック，AIによる案内，フェアトレードコーナーの開設，屋上の緑化　など
（課題）自動車の騒音の防止　など

(3)（省略）

探究のステップ　気付いたことを出し合おう

持続可能な社会の実現に向けて，私たちには何ができるのでしょうか。

1節 ☑ 私たちの生きる現代社会には，どのような課題があるでしょうか。

2節 ☑ 私たちの生活において，なぜ文化が大切にされるのでしょうか。

3節 ☑ 現代社会の課題を解決するために，どのような見方・考え方が大切にされているのでしょうか。

1節　現代社会の特色と私たち

私たちの生きる現代社会には，どのような課題があるでしょうか。

1 持続可能な社会に向けて

●教科書 p.8〜9

ここに注目！

1 持続可能な社会とは
持続可能な社会とは，どのような社会のこと？

2 持続可能な社会の実現に向けて
持続可能な社会の実現に向けて，どのような課題があるの？

3 私たちが創る社会
私たちはどのような社会を創っていかなければいけないの？

？「持続可能な社会」とはどのような考えに基(もと)づいているのかな？

チェック　持続可能性とは，どのようなことを意味しているか，本文からぬき出しましょう。

解答例　「現在の世代の幸福と将来の世代の幸福とを両立させる」

トライ　持続可能な社会の実現に必要な態度について，次の語句を使って説明しましょう。[社会参画]

解答例　私たち一人一人の積極的な社会参画が必要である。

1 持続可能な社会とは　**現在の世代の幸福と将来の世代の幸福とを両立させる社会**

私たちが暮らす現在の社会にはさまざまな課題があり，その解決には，現在の世代の幸福と将来の世代の幸福とを両立させる「持続可能性」という視点が必要である。

2 持続可能な社会の実現に向けて　**防災やエネルギーの面で，多くの解決すべき課題がある。**

人類は，新たな技術や仕組みを生みだすことで課題を解決し，より良い暮らしを追求しながら社会を築いてきた一方，公害や環境(かんきょう)破壊(はかい)などの新たな課題も生んだ。2011年に発生した東日本大震災(しんさい)によって，持続可能な社会を実現するためには，防災やエネルギーなどの面で，多くの解決すべき課題があることが明確になった。

3 私たちが創る社会　**一人一人の積極的な社会参画が必要である。**

持続可能な社会の実現には，一人一人の積極的な社会参画が必要である。私たちは，常に社会の課題に関心を持ち，その原因を探(さぐ)り，解決の方法を考え続けなければならない。

みんなでチャレンジ　持続可能な社会について考えよう

解答例　(1)「ウェビング」を使って，〜　→(図)
(2)持続可能な社会の実現に特に重要だと〜
(キーワード)→「貧困・飢餓」「国際協力」「紛争」
(根拠)→「アフリカには今も貧困な国が多く，紛争が絶えない。」など

2 グローバル化 結び付きを深める世界

●教科書 p.10〜11

ここに注目！

1 グローバル化とは
グローバル化とは，どのようなこと？

2 国際競争と国際分業
グローバル化と，国際競争・国際分業とは，どのような関係があるの？

3 グローバル社会と日本
グローバル社会において，日本にはどのような役割があるの？

? グローバル化の進展で，私たちの生活や社会はどのように変化してきているのかな？

1 グローバル化とは　人や物，お金や情報などの移動が，国境をこえて地球規模に広がっていくこと

人や物，お金や情報などの移動が，国境をこえて地球規模に広がっていくことをグローバル化という。近年は，海外と日本との間で人の行き来も活発になっている。また，航空機や大型コンテナ船などの活用によって，以前より速く大量に物を運べるようになった。その結果，貿易も盛(さか)んになり，私たちは外国の商品を簡単に手に入れることができるようになっており，グローバル化がますます進んでいる。

▼天ぷらそばの材料の生産国

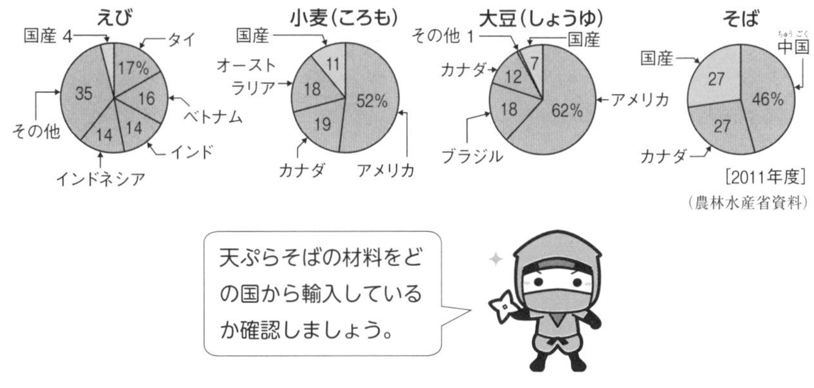

見方・考え方

(1)**9**の生産国の位置を地図帳で確認し，地域的な広がりの特徴(とくちょう)を考えましょう。
(2)**10**のグラフのように，日本の食料自給率が低下した理由を考えましょう。
(3)グローバル化や国際分業が進んだ理由を考えましょう。

解答例

(1)アジア諸国をはじめ，オーストラリアや南北アメリカの国々からも輸入している。
(2)国産の農産物よりも輸入した農産物の方が安く購入できるようになったから。
(3)インターネットの普及によって世界中の情報を瞬時に手に入れられるようになったから，貿易が盛んに行われるようになったから，など

2 国際競争と国際分業　世界の一体化につれて，国際競争と国際分業も盛んになる。

世界が一体化するにつれて，商品を簡単に輸出入できるようになり，自国の商品と輸入した商品との間などで，より良い商品をより安く提供しようとする国際競争が激しくなる。また，それぞれの国が競争力の強い産業に力を入れ，競争力の弱い産業については他国にたよる国

チェック　グローバル化とは，生活や社会のどのような変化を指すか，本文からぬき出しましょう。

解答例　・「人や物，お金や情報などの移動が，国境をこえて地球規模に広がっていくこと」
・「海外旅行にも行きやすくなり，海外と日本との間で人の行き来も活発になっています。」
・「貿易が盛んになり，私たちは外国の商品を簡単に手に入れることができるようになっています。」

際分業も行われるようになる。一方で，自国の商品だけでは生活が成り立たなくなり，各国がたがいに依存する状態になっている。日本では，国内で消費する食料を国内の生産でまかなっている割合を示す食料自給率の低さが課題になっている。

▼日本の品目別自給率の推移

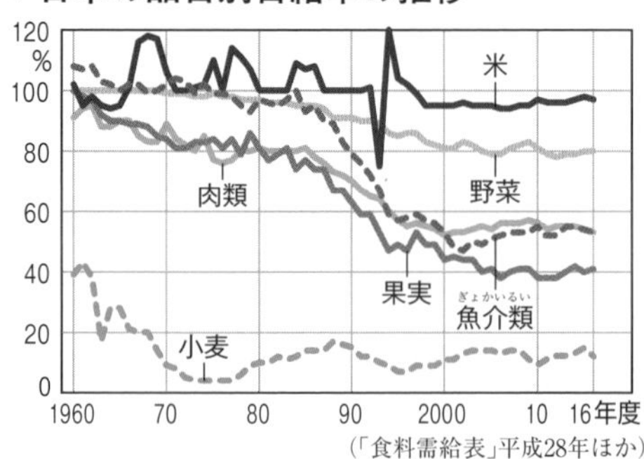

（「食料需給表」平成28年ほか）

3 グローバル社会と日本　国際社会における日本の役割が重要になっている。

グローバル化は私たちの生活を便利にする一方で，課題も生みだす。世界的に豊かな国々と貧しい国々との格差も広がっている。こうした中で，国際社会での日本の役割がますます重要になっており，国際協力などの分野で，日本の取り組みが必要とされている。また，グローバル化によって日本でも，異なる文化を持つ外国人などの存在が身近になってきている。こうした人々とも，たがいを尊重し合い，共生できる社会が求められている。

トライ　グローバル化の進展で，生活や社会が豊かで便利になった点や，課題を説明しましょう。

解答例　(豊かで便利になった点)商品を簡単に輸出入できるようになった。また，人材，知識，技術などの国境をこえたやり取りが活発化した。
(課題)地球温暖化，新型インフルエンザの世界的な流行，テロリズム，難民問題など。

▼日本で暮らす外国人の数の推移

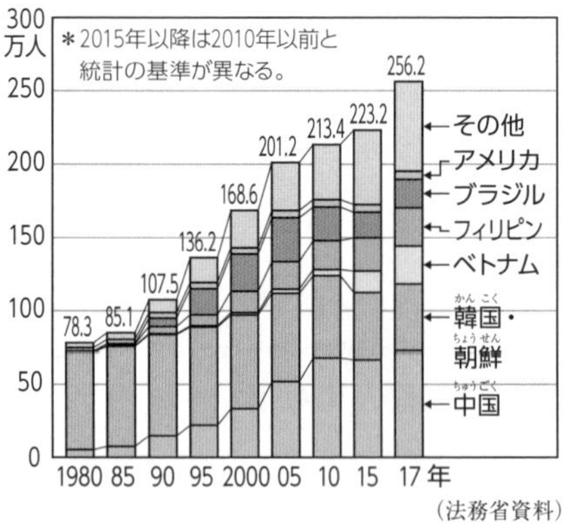

（法務省資料）

●教科書 p.12～13

3 少子高齢化 変わる人口構成と家族

ここに注目！

1 少子高齢化とは
少子高齢化とは，どのようなこと？

2 多様化する家族の形
日本における家族の形には，どのような世帯があるの？

3 少子高齢社会の課題
少子高齢社会では，どのような課題があるの？

？ 少子高齢（こうれい）化の進行で，私たちの生活や社会はどのように変化してきているのかな？

1 少子高齢化とは 出生数が減る一方，高齢者の割合が高まっていること

日本は現在，**少子高齢化**（こうれい）が進んでいる。**少子化**の背景には，働くことと子育てとの両立の難しさや，結婚年齢（けっこんねんれい）の高まりなどによる**合計特殊出生率**（とく・しゅしゅっしょう）の減少がある。一方，**平均寿命**（じゅみょう）がのび，人口にしめる高齢者の割合が高まる**高齢化**も進んでいる。このように，子どもの数が減り，高齢者の割合が高まった社会を，**少子高齢社会**という。2005（平成17）年からは，死亡数が出生数を上回り，人口の減少が始まっている。

▼年齢別人口割合（人口ピラミッド）の推移と将来推計

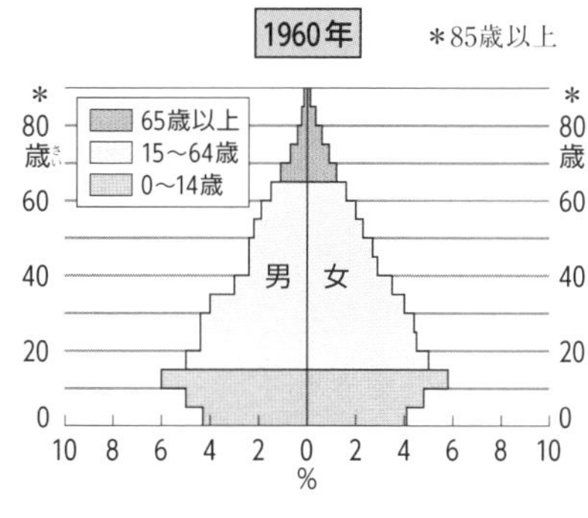

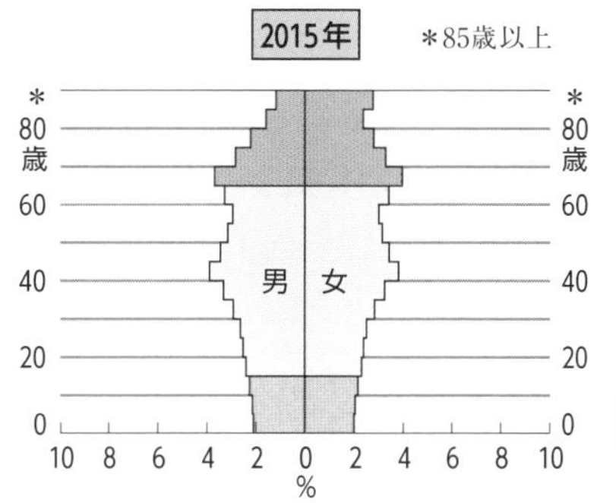

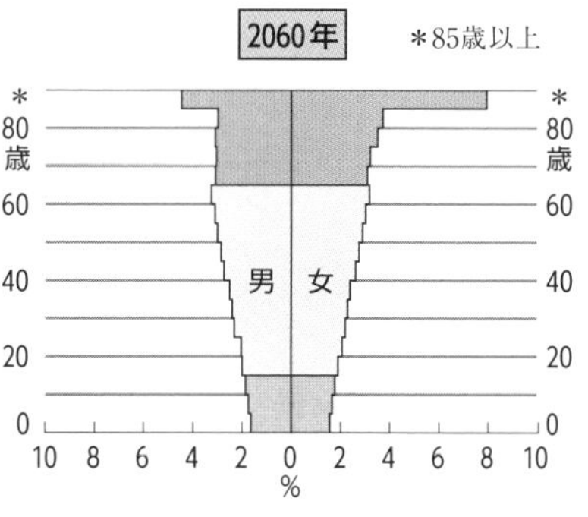

（国立社会保障・人口問題研究所資料）

見方・考え方 1～3から推移や変化を読み取り，少子高齢化が進む日本の問題点を考えましょう。

解答例 （読み取り）

1 1960年では年齢が高くなるほど人口割合が少なくなっているが，2015年では65歳以上の人口割合が増える一方，0～14歳の人口割合が減り，15～64歳の中でも高い年齢層の割合が増えた。2060年では，年齢が高くなるにつれて人口割合も高くなっている。

2 1950年以降，男女ともに平均寿命は上がっている一方，合計特殊出生率は下がっている。

3 2000年ごろを境に，日本の高齢者の割合が，他の国に比べて高くなっている。

※問題点の解答例は次ページ

見方・考え方

1～**3**から推移や変化を読み取り，少子高齢化が進む日本の問題点を考えましょう。

解答例 （問題点）生産年齢人口が減少することによって，高齢者を支える社会保障にかかる現役世代の経済的な負担が重くなる。

チェック 少子化の原因として考えられることを，本文からぬき出しましょう。

解答例 「働くことと子育てとの両立の難しさや，結婚年齢の高まりなどによる合計特殊出生率の減少」

トライ 身近な地域での少子高齢化への対応を調べ，高齢者支援と子育て支援の側面から説明しましょう。

解答例 （高齢者支援）高齢者になっても健康で暮らすことができるように，生活習慣病を予防し，市民一人一人の健康増進が図られている。
（子育て支援）妊娠・出産から子育てまで切れ目なく親子まるごと支援するサポートセンターが開設されている。

▼日本の合計特殊出生率と平均寿命の推移

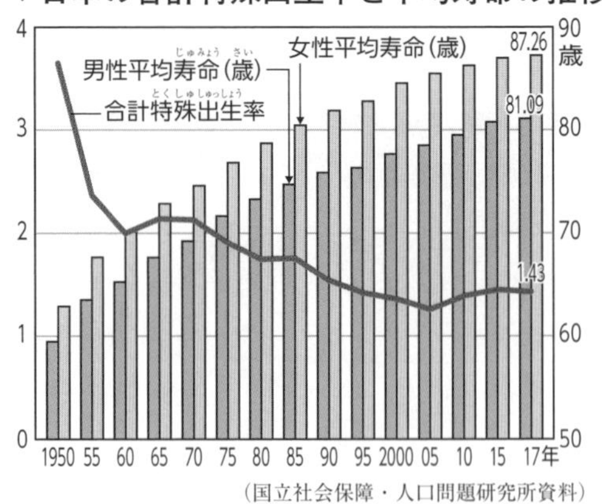

（国立社会保障・人口問題研究所資料）

▼人口にしめる高齢者の割合の推移と将来の推計

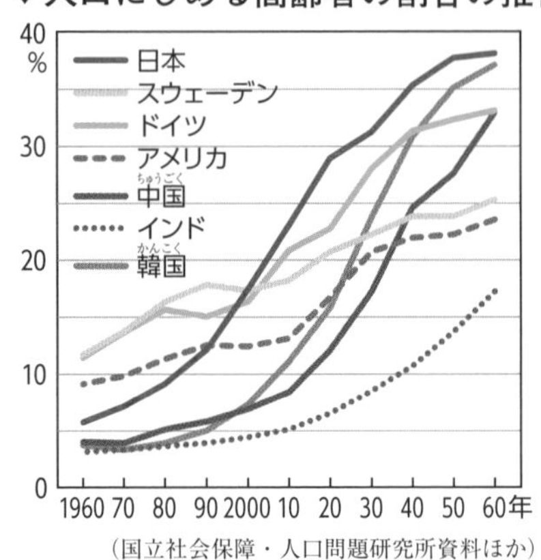

（国立社会保障・人口問題研究所資料ほか）

2 多様化する家族の形

三世代世帯，核家族世帯，単独世帯など

日本では，戦後，祖父母と親と子どもとで構成される三世代世帯の割合が低下し，親と子ども，あるいは夫婦だけの核家族世帯の割合が高まった。近年は，一人暮らしの単独世帯の割合も高まっている。また，共働きの世帯や高齢者だけの世帯が増えたことで，育児や介護を家族だけで担うことが難しくなっている。

3 少子高齢社会の課題

負担の増加と社会保障の充実との両立が切実な課題である。

だれもが安心して暮らせる社会を実現するためには社会保障の充実が求められるが，一方で，そのために必要な費用の確保が大きな課題となる。少子高齢化が進むと，高齢者の生活を支える公的年金や社会保障に必要な費用が増加する。それに対して，これらの制度を支える費用を負担する生産年齢人口が減少していくと，この世代の経済的な負担が重くなる。これらの両立が課題である。

4 情報化　情報が変える社会の仕組み

●教科書 p.14〜15

ここに注目！

1 情報化とは
情報化とは，どのようなこと？

2 情報化による社会の変化
情報化によって，社会はどのように変化しているの？

3 情報化の課題
情報化が進んだ社会では，どのような課題があるの？

？ 情報化の進展で，私たちの生活や社会はどのように変化してきているのかな？

1 情報化とは　社会の中で情報の役割が大きくなること

情報通信技術(ICT)の急速な発達によって，大量の情報を短時間で処理・分析(ぶんせき)したり，世界中の人々と一瞬(いっしゅん)で連絡をし合ったり，多様な情報を簡単に共有したりできるようになった。これまで人間が考えてきたことをコンピューターにさせる人工知能(AI)も大きく進化している。このように，情報の活用が私たちの生活を便利にしたり，防災に役立ったりすることで，社会の中で情報の役割が大きくなることを情報化という。

▼日本の情報機器の普及率の推移

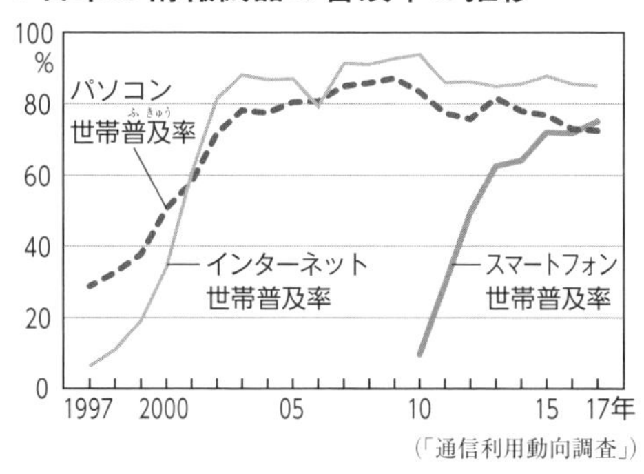

(「通信利用動向調査」)

見方・考え方
(1)これまでの電話機の変化を見て変化してきた点を読み取りましょう。
(2)10年後には，電話の形や使い方がどのように変化しているか，考えましょう。

解答例
(1)小型化している。　など
(2)電話機がさらに小型化して，イヤホンとマイクだけで操作できるものになる。　など

Q「人工知能(AI)」とは？
A 多くの情報から推論したり判断したりする人間の知能の働きを，コンピューターに持たせたもの。近年，AIの機能を備えた対話型スピーカーや家電などが広がってきている。

Q「ビッグデータ」とは？
A ICTの発達によって，大量に作成されたり，収集されたりしたさまざまな種類のデータで，事業などに役立つ可能性があるもの。

2 情報化による社会の変化

インターネットの普及によって買い物の方法などが変化した。

必要な情報をインターネットで簡単に検索でき，店に行かなくても買い物ができるインターネット・ショッピングも普及している。また，クレジットカードや電子マネーを使えば，現金がなくても買い物や交通機関の利用ができる。近年は，家電製品をインターネットにつないで遠隔操作ができるようにもなっている。

3 情報化の課題

情報をあつかう手段や技能の格差や個人情報の流出。情報リテラシーや情報モラルが必要

情報化が進んだことで，情報をあつかう手段や技能を持つ人と持たない人との格差や，個人情報が本人の知らないうちに流出する課題も生まれている。こうした中で，情報を正しく活用する力(情報リテラシー)を身に付けることが必要である。また，だれもが簡単に情報を発信できるからこそ，情報を正しく利用する態度(情報モラル)が求められる。

情報モラルに反する行為の例
ⒶSNSやブログに友達の写真や名前，学校名をのせる。
ⒷSNSやブログに友達の悪口を書く。
ⒸSNSやブログにうその情報を書く。
ⒹSNSで友達を仲間外れにする。

考える

11のⒶ～Ⓓ以外に，問題になる例を考えましょう。

解答例 ・SNSやブログに，自分以外の作家の文章を無断でのせる。
・SNSやブログに，自分以外の画家がかいた絵を無断でのせる。
など

チェック 情報化の進展で，生活や社会が豊かで便利になった点を，本文からぬき出しましょう。

解答例 「必要な情報はインターネットで簡単に検索でき，店に行かなくても買い物ができるインターネット・ショッピングも普及しています。また，クレジットカードや電子マネーを使えば，現金がなくても買い物や交通機関の利用ができます。近年は，コンピューターだけでなく，冷蔵庫やエアコンなどをインターネットにつなぐことで，外出先から遠隔操作ができるようにもなっています。」

トライ 情報化の進展による課題を挙げ，私たちが解決のためにできることを考えましょう。

解答例 (課題)デジタル・デバイド，個人情報の流出　など
(解決のためにできること)情報リテラシーを高める，情報モラルをしっかり身に付ける。　など

2節 私たちの生活と文化

☑ 私たちの生活において，なぜ文化が大切にされるのでしょうか。

1 私たちの生活と文化の役割

●教科書 p.18～19

ここに注目！

1 文化とは	2 科学・宗教・芸術の役割	3 文化の役割と課題
文化とは何のこと？	科学・宗教・芸術は生活の中でどのような役割があるの？	社会における文化の役割と課題は何？

? 文化は，私たちの生活においてどのような役割を果たしているのかな？

1 文化とは

時代をこえて受けつがれてきた，生きるための知恵であり，有形，無形の財産

文化とは，人々が自然や社会の中で生活するうちに，少しずつ形作られ，共有され，時代をこえて受けつがれてきた，生きるための知恵であり，有形，無形の財産である。生活や生き方は，地域や時代の文化の影響(えいきょう)を受けるが，文化自体も時代や社会とともに変化する。

2 科学・宗教・芸術の役割

より便利で快適な暮らし（科学），より良い生き方の追求（宗教），豊かな心や生活（芸術）

科学の研究は，さまざまな技術を発達させて人々の暮らしをより便利で快適にしてきた。一方で，科学技術の発達は，人々の生き方や価値観を変化させるとともに，命をめぐる新たな課題なども提起している。人々は昔から宗教をとおして，人間をこえる力を信じ，神や仏の存在について考えることで，自分が生まれた自然や社会の中でのより良い生き方を追求してきた。音楽や絵画などの芸術は，人々を精神的な面で豊かにしている。

3 文化の役割と課題

より良い暮らしや平和の実現のために，文化を正しく役立てる。

文化が負の結果をもたらすこともある。私たちには，より良い暮らしや平和の実現のために，文化を正しく役立てることが求められる。

2のちがいを読み取り，～

解答例 （ちがい）招いている手の向き→（理由）手招きの仕草が日本とアメリカで異なるから。　など

チェック 文化の具体的な内容を，科学，宗教，芸術の分野から，それぞれ挙げましょう。

解答例 （科学）
食料生産の技術，航空の技術，医療の技術　など
（宗教）
仏教，キリスト教，イスラム教など
（芸術）
音楽，絵画，映画など

トライ 科学，宗教，芸術の分野から具体的な内容を一つ挙げて，文化が果たす役割を説明しましょう。

解答例 科学の研究は，さまざまな技術を発達させ，人々の暮らしをより便利で快適にする。

2 伝統文化と新たな文化の創造

●教科書 p.20～21

ここに注目！

1 伝統文化とは
伝統文化とはどのようなもの？

2 日本の多様な伝統文化
日本にはどのような伝統文化があるの？

3 伝統文化の継承の課題
伝統文化を受け継いでいくための課題は何？

？ 日本の伝統文化は，私たちの生活や物の見方，考え方にどのような影響をあたえているのかな？

チェック 身近な地域に見られる，伝統文化の具体的な内容を挙げましょう。

解答例
・お正月に，家の近くの神社に初詣に行く。
・七夕のときに，地域で笹飾りを作る。
・夏になると，近くの神社で獅子舞が行われる。
など

トライ 伝統文化を継承し，保存するために，私たちにできることを考えましょう。

解答例
・地域の公民館などで，伝統文化を継承してきた方に若者を対象にした講座を開いていただき，話を聞いたり，体験したりする機会を設ける。
など

1 伝統文化とは　歴史の中で受けつがれてきた文化

歴史の中で受けつがれてきた文化を**伝統文化**という。日本の伝統文化は，能や歌舞伎など，専門家が受けついできたものだけでなく，衣食住や，初詣や節分などの**年中行事**，冠婚葬祭など，一般の人々に受けつがれてきたものもふくまれる。

2 日本の多様な伝統文化　琉球文化，アイヌ文化

日本には，地域によって気候や土地柄に応じた多様な伝統文化がある。沖縄や奄美群島の人々が，琉球王国の時代から受けついできた**琉球文化**や，北海道や樺太（サハリン），千島列島の先住民族だったアイヌ民族が受けついできた**アイヌ文化**の，二つの独特な文化がある。

・琉球文化：エイサー（伝統芸能），紅型（染色技法）　など
・アイヌ文化：サロルン リムセ（伝統的な舞踊），アットゥシ（衣服）

3 伝統文化の継承の課題　少子高齢化や過疎化による継承者の減少

日本の各地には，古くから受けつがれてきた祭りや芸能などの**文化財**が残っている。国や都道府県，市（区）町村も，**文化財保護法**に基づき，こうした有形，無形の文化財の保存に努めている。しかし近年では，少子高齢化や過疎化によって，伝統文化を受けつぐ継承者の若者が少なくなり，存続が難しくなっているものもある。伝統文化を守りながら，社会や生活の変化に対応した，新しい文化を創造していくことも必要である。

見方・考え方 2と5のそれぞれに～

解答例
2現在は最上段のみのひな壇。 など
5衣装，髪型，化粧，舞台装置　など

3 多文化共生を目指して

●教科書 p.22〜23

ここに注目！

1 世界に広がる日本文化
日本文化は世界でどのように広がっているの？

2 日本の中の国際的な文化
日本にはどのような外国の文化があるの？

3 多文化共生の実現のために
多文化共生を実現するためには何が必要なの？

？ 多文化共生を実現するために，私たちには何が求められているのかな？

1 世界に広がる日本文化

和食，漫画・アニメ，「もったいない」という価値観

日本の文化には，世界に広がっているものが数多くある。無形文化遺産に登録された和食や，漫画（まんが）・アニメは世界中で親しまれている。「もったいない」という日本人の価値観を表す言葉は，ノーベル平和賞を受賞したワンガリ・マータイさんによって世界に紹介（しょうかい）され，環境保護の視点から高く評価された。

2 日本の中の国際的な文化

外国にルーツを持つ人々が，自国の文化を大切にしている。

日本には，戦前から住んでいる在日韓国（かんこく）・朝鮮（ちょうせん）人，中国（ちゅうごく）人や，近年日本への移住が増えているブラジル人やベトナム人，フィリピン人など，外国にルーツを持つ人々がおり，自国の文化を大切にしながら暮らしている。神戸（こうべ）市の多文化交流カフェや京都（きょうと）市の東九条（ひがしくじょう）マダンのように，祭りなどの交流の場を通じて外国人と日本人とが，いっしょに楽しんでいるものもある。

3 多文化共生の実現のために

私たち一人一人が努力を続けていく。

近年では，ダイバーシティ（多様性）の尊重が広まってきており，障がいがある人などを積極的にやとうことを経営の方針にする企業（きぎょう）もある。また，製品やサービスが，言語や性別，障がいの有無などにかかわらず，だれもが利用しやすいように工夫（くふう）したユニバーサルデザインが広がってきている。

考え方や価値観の異なる人々が，たがいの文化のちがいを認め合い，対等な関係を築きながら，社会の中でともに生活していくことを多文化共生という。持続可能な社会を実現するうえで，私たち一人一人が，多文化共生を実現する努力を続けていくことが重要である。

チェック 多文化共生とは，どのようなことを意味しているか，本文からぬき出しましょう。

解答例 「考え方や価値観の異なる人々が，たがいの文化のちがいを認め合い，対等な関係を築きながら，社会の中でともに生活していくこと」

トライ 多文化共生の社会を築くために，私たちにできる具体的な取り組みを考えましょう。

解答例 ・学校の文化祭のテーマを「地域の多文化共生」とし，各クラスでそのテーマに沿って地域の多文化共生の事例を調べ，文化祭で発表や出し物を行う。　など

3節 現代社会の見方や考え方

現代社会の課題を解決するために，どのような見方・考え方が大切にされているのでしょうか。

1 社会集団の中で生きる私たち

●教科書 p.24～25

ここに注目！

1 社会集団とは
社会集団とは何のこと？

2 社会的存在としての人間
人間は社会の中でどのような存在なの？

3 対立と合意
対立はなぜ起こるの？どのように合意を目指すの？

？ 私たちはどのように社会に関わっているのかな？

チェック 人間が社会的存在であるといわれる理由を，本文からぬき出しましょう。

解答例 「人間はさまざまな社会集団に所属し，その一員として協力し合わなければ，生きることや成長すること，生活を豊かにすることができません。」

トライ 社会集団の中での「対立と合意」は，どのような状態を指すか，具体例を挙げて説明しましょう。

解答例 家族で休日にどこに遊びに行くかを決めるとき，それぞれの意見が分かれることが対立の状態であり，話し合い，行く場所について皆が納得して決めたときが合意の状態である。

1 社会集団とは　私たちが所属する集団

私たちは，さまざまな社会集団の中で生活している。そのうち，生まれて最初に加わる最も身近なものが家族である。日本国憲法は，家族の基本的な原則として，「個人の尊厳と両性の本質的平等」（第24条）を定めている。私たちが生活する地域社会も，社会の決まりを身に付けたり，困ったときに助け合ったりする，重要な社会集団である。

2 社会的存在としての人間　協力し合い，生きることや成長すること，生活を豊かにすることができる。

社会集団には，学校や部活動，会社のように，目的に合わせて自分から所属するものもある。社会集団に所属することで協力し合い，生きることや成長すること，生活を豊かにすることができることから，人間は社会的存在であるといわれる。

3 対立と合意　一人一人個性があるために対立が起こる。話をよく聞き，話し合い，合意を目指す。

私たちは，一人一人が自由で平等な人間として尊重し合わなければならないが，人間にはそれぞれ個性があり，考え方や求めるものがちがうため，さまざまな対立が起こる。対立は，解決されなければ物事が決まらないため，自分の意見を主張するだけでなく，相手の話をよく聞き，たがいが受け入れられる解決策を話し合い，合意を目指す必要がある。

2 決まりを作る目的と方法

●教科書 p.26〜27

ここに注目！

1 さまざまな決まりと目的	2 権利と責任・義務	3 決まりを作るさまざまな方法
何のために決まりを作るの？	決まりと権利，責任，義務はどのような関係があるの？	どのようにして決まりを作るの？

? 私たちの社会生活において，なぜ決まりが必要なのかな？

1 さまざまな決まりと目的

決まりによって，対立を合意に導きやすく，また，事前に対立を防ぐことができる。

社会集団の中で，あらかじめ決まり（ルール）を作り，共有していくことが重要である。決まりがあることで，対立を合意に導きやすくなり，前もって対立を防ぐことにも役立っている。

2 権利と責任・義務

決まりを作る際には権利を守る必要がある。決まりを守る責任や義務がある。

決まりを作る際には，一人一人が自由で平等な人間として尊重されるために，人々に保障された権利を守る必要がある。そして，決まりが権利を守っているからこそ，決まりを守る責任や義務がある。

3 決まりを作るさまざまな方法

全会一致や多数決がある。多数決の場合は，少数意見を尊重する。

決まりを作る際には，内容だけでなく，決めるための方法も重要である。決定の仕方についても，複数の方法がある。全会一致（いっち）は，全員の意見が一致しないと，物事がうまく進まない場合に利用する方法である。一方で多数決は，限られた時間で結論を出す必要がある場合などに，より多くの人が賛成する意見を採用する方法である。ただし，多数決を採用する場合には，少数の意見も十分に聞いてできるだけ生かすという，少数意見の尊重も重要である。

決定の方法	長所	短所
全員で話し合って決定	みんなの意見が反映される	決定に時間がかかることがある
代表者の話し合いで決定	みんなの意見がある程度反映される。全員で決めるよりは決定に時間がかからない	みんなの意見が反映されないことがある。一人で決めるよりも決定に時間がかかる
一人で決定	決定に時間がかからない	みんなの意見が反映されない

採決の仕方	長所	短所
全会一致	みんなが納得（なっとく）する	決定に時間がかかることがある
多数決	一定時間内で決定できる	少数意見が反映されにくい

チェック 決まりを作るときに行われる，決定の採決方法を，本文からぬき出しましょう。

解答例 「全会一致 は，全員の意見が一致しないと，物事がうまく進まない場合に利用する方法」「多数決は，限られた時間で結論を出す必要がある場合などに，より多くの人が賛成する意見を採用する方法」

トライ 決まりが必要な理由を，次の語句を使って説明しましょう。［社会集団／対立／合意］

解答例 社会集団の中で，対立を合意に導きやすくするとともに，事前に対立が起こるのを防ぐため。

3 効率と公正

●教科書 p.28〜29

ここに注目！

1 全員が納得するために
全員が納得するための考え方とは？

2 効率とは
効率とはどういうこと？

3 公正とは
公正とはどういうこと？

？ みんなが納得(なっとく)できる解決策を作るために，どのようなことを考えればいいのかな？

1 全員が納得するために　「効率」「公正」の考え方

対立を合意に導く解決策を考える際には，その解決策の内容や決定の方法について，全員が納得する必要がある。全員が納得できるかを判断する代表的な考え方として，効率と公正がある。

2 効率とは　無駄を省くこと

効率とは，社会全体で「無駄(むだ)を省く」という意味である。資源を無駄なく使うことで，だれの満足も減らさずに，全体の満足を増やすことを効率的だと考える。

3 公正とは　一人一人を尊重し，不当にあつかわないこと

公正とは，一人一人を尊重し，不当にあつかわないことを意味する。物事を決める話し合いで，参加者全員が対等な立場で参加できなければ，その決定には全員が納得しないため，全員が対等に参加できることが重要である。これを手続きの公正さという。また，話し合いの際，正当な理由なく機会を制限されたり，結果的に不当にあつかわれたりすれば，その参加者は納得しない。このようなことがないように配慮(はいりょ)することを，機会や結果の公正さという。

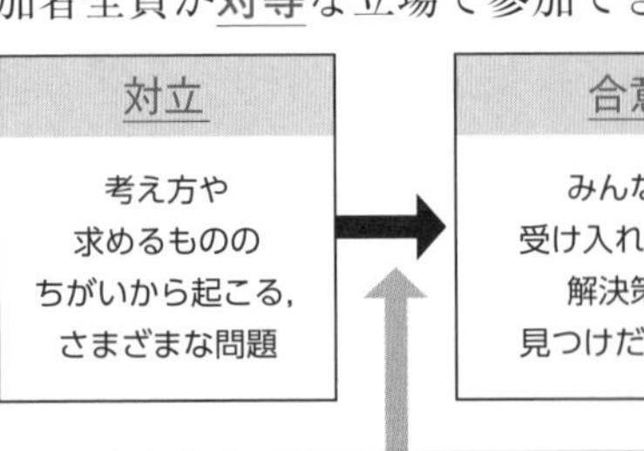

チェック 効率や公正とは，どのようなことを意味しているか，本文からぬき出しましょう。

解答例 （効率）「社会全体で『無駄を省く』という意味」（公正）「一人一人を尊重し，不当にあつかわないということを意味します。」

トライ みんなが納得できる解決策を，次の語句を使って説明しましょう。[無駄／手続き／機会や結果]

解答例 資源を無駄なく使い，だれの満足も減らさないとともに，決定までの手続きや，決定後の機会や結果に全員が平等に関わるようにして決めた解決策。

4 決まりの評価と見直し

●教科書 p.30～31

ここに注目！

1 決まりは変更できる
どのようなときに決まりを変えることができるの？

2 決まりを評価する観点
決まりはどのような観点で評価すればいいの？

3 共生社会を目指して
共生社会を実現するために何が必要なの？

どのようなときに決まりを変更することができるのかな？

1 決まりは変更できる

決まりが実態に合わなくなった場合は，見直して変えることも必要である。

私たちには，納得して作った決まりを守る責任や義務がある一方，状況が変わって決まりが実態に合わなくなった場合は，見直して変えることも必要である。状況に応じて決まりを変更したほうがうまくいき，その変更に全員が納得するなら，変更したものが新しい決まりとして認められる。

2 決まりを評価する観点

五つの観点で考える。

決まりが適切なものかを評価する際には，次の五つの観点で考えると効果的である。

① 目的を実現するための適切な手段になっているか。
② だれにとっても同じ内容を意味するものになっているか。
③ 決まりを作る過程にみんなが参加しているか。
④ 立場をかえても受け入れられるものになっているか。
⑤ お金や物，土地，労力などが無駄なく使われているか。

3 共生社会を目指して

対立と合意，効率と公正という考え方を理解し，判断に活用する力を養うこと

私たちは，考え方のちがいによって対立が起こっても，話し合いを通して合意を導く解決策を考え，状況に応じて合意を作りだしながら，ともに生きる努力を続けている。このような共生社会の実現のために，対立と合意，効率と公正という考え方を理解し，判断に活用する力を養うことが必要である。

チェック バレーボール以外に，身の回りの内容で，ルールが変わった例を挙げましょう。

解答例 フットサルで，キックオフのスタートを自陣へ直接パスすることができるようになった。など

トライ 身の回りの内容で，ルールの見直しが必要なものがあれば，見直し方を考えましょう。

解答例 クラスの係の決め方が，これまで立候補で決めていたが，毎回同じ人が同じ係の担当になるため，不公平であった。そこで，全員が平等に係を担当するように，１週間ごとに担当が変わるように順番を決めた。

探究のステップ　探究のステップの問いを解決しよう

●教科書 p.32

<table>
<tr><td>1節　私たちの生きる現代社会には，どのような課題があるでしょうか。</td><td>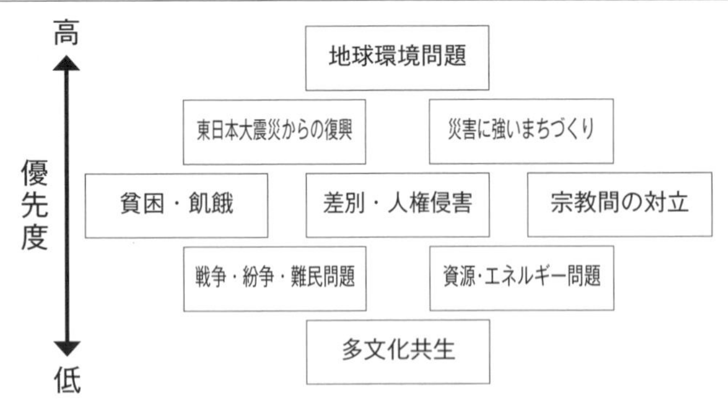

理由：地球環境が悪化すると，全人類が安心して住むことができないから，優先度が最も高い。また，東日本大震災からの復興や災害に強いまちづくりに取り組む中で，環境問題を解決する施策も行っていくことが大切である。</td></tr>
<tr><td>2節　私たちの生活において，なぜ文化が大切にされるのでしょうか。</td><td>1
<table><tr><th>年中行事</th><th>食文化</th><th>科学</th><th>芸術</th><th>宗教</th><th>その他</th></tr><tr><td>節分，正月，七夕など</td><td>雑煮，おせち料理など</td><td>インターネットなど</td><td>音楽，書道，絵画など</td><td>仏教，キリスト教など</td><td>地域のお祭り　など</td></tr></table>
2　私は，(地域のお祭り)を100年後の中学生に残したいです。その理由は，地域のお祭りは，私たちの暮らしに根付いている行事で，地域の方との絆を強めることができるからです。</td></tr>
<tr><td>3節　現代社会の課題を解決するために，どのような見方・考え方が大切にされているのでしょうか。</td><td>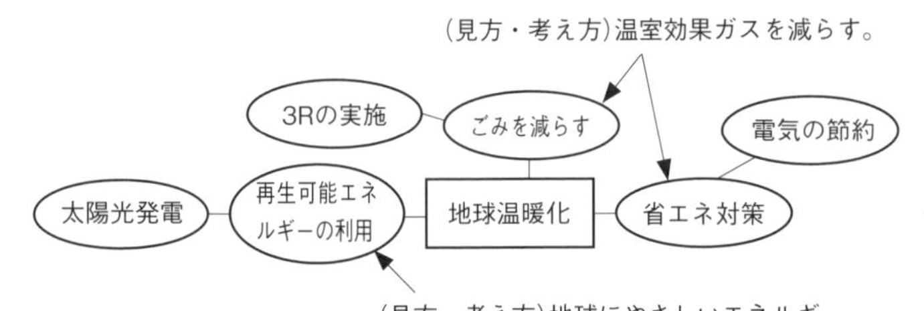

(私たちにできること)ふだんから3Rを心がけてごみを減らしたり，電気を節約して省エネに取り組んだりする。</td></tr>
</table>

基礎・基本のまとめ　第1章の学習をふり返ろう

●教科書 p.33

1 ❶持続可能性：現在の世代の幸福と将来の世代の幸福とを両立させること。

❷持続可能な社会：現在の世代の幸福と将来の世代の幸福との両立を目指す社会。

❸社会参画：社会の形成に，計画段階から主体的にかかわること。

❹グローバル化：人や物，お金や情報などの移動が，国境をこえて地球規模に広がっていくこと。

❺国際分業：それぞれの国が競争力の強い産業に力を入れ，競争力の弱い産業については他国にたよること。

❻国際協力：国際社会全体の平和と安定，発展のために，発展途上国・地域の人々を支援すること。

❼少子高齢化：社会全体が，合計特殊出生率の低下によって，人口にしめる子どもの割合が減る「少子化」と，平均寿命ののびによって高

齢者の割合が増える「高齢化」が同時に進むこと。

❽**合計特殊出生率**：一人の女性が一生の間に生む子どもの平均人数。

❾**平均寿命**：０歳児の平均余命。

❿**情報化**：情報の活用が私たちの生活を便利にしたり，防災に役立ったりすることで，社会の中で情報の役割が大きくなること。

⓫**情報リテラシー**：情報を正しく活用する力。

⓬**情報モラル**：情報を正しく利用する態度。

⓭**文化**：人々が自然や社会の中で生活するうちに，少しずつ形作られ，共有され，時代をこえて受けつがれてきた，生きるための知恵。

⓮**科学**：体系化された知識や経験などのことで，科学はさまざまな技術を発達させて人々の暮らしをより便利で快適にしてきた。

⓯**宗教**：神などの神聖なものにかかわる教えや信仰。人々は昔から宗教をとおして，人間をこえる力を信じ，神や仏の存在について考えることで，自然や社会の中でのより良い生き方を追求してきた。

⓰**芸術**：音楽や絵画など，美を追求，表現しようとする人間の活動や，それによる創作物。芸術は，人々を精神的な面で豊かにしている。

⓱**伝統文化**：長い歴史の中で受けつがれてきた文化。

多文化共生：考え方や価値観の異なる人々が，たがいの文化のちがいを認め合い，対等な関係を築きながら，社会の中でともに生活していくこと。

⓳**ユニバーサルデザイン**：言語や文化，国籍，性別，年齢，障がいの有無などにかかわらずに利用することができる施設や製品などのデザイン。

⓴**社会集団**：人が生まれながらに所属している集団や自ら目的を持って所属する集団。

㉑**社会的存在**：社会に影響をおよぼしたり，社会から影響を受けたりしながら，社会とたがいに関わりながら生きている存在のこと。

㉒**対立**：考え方や求めるものがちがうことによって，反対の立場に立つこと。

㉓**合意**：意見や意思がたがいに一致すること。

㉔**効率**：無駄を省くこと。

㉕**公正**：一人一人を尊重し，不当にあつかわないこと。物事の決定に全員が対等に参加する「手続きの公正さ」と，話し合いの機会や決定後の結果において不当にあつかわれない「機会と結果の公正さ」がある。

2 ア　グローバル化　イ　少子高齢化
ウ　情報化　エ　国際協力　オ　平均寿命
カ　合計特殊出生率　キ　情報リテラシー
ク　情報モラル　ケ　文化　コ　伝統文化
サ　多文化共生　シ　社会集団　ス　対立
セ　合意　ソ　効率　タ　公正
チ　持続可能な社会　ツ　社会参画
＊ソ，タ順不同

まとめの活動　T市の自転車の使用ルールを考えよう　●教科書 p.34～35

みんなでチャレンジ　(1)新しい駐輪場の設置をめぐって，～　(2)(1)で考えた解決策について，～
(3)解決策や(2)の評価について，～

解答例　(1)(ルール例)・駅前の駐輪場は，主に通勤・通学をする人が利用することとする。
・新しい駐輪場は，主に商店街を訪れる人が利用することとする。
・駐輪場利用料を１回100円(中学生以下は半額)とし，通勤・通学者には３か月などの期間利用で割引を適用する。
(2)(3)(省略)

解法のポイント! 定期テスト完全攻略!

❶ 現代社会の特色について，次の問いに答えなさい。

問1　次の文中の空欄にあてはまる語句を書きなさい。

①　近年，輸送や情報通信技術の発達によって，たくさんの人，物，お金，情報などが容易に国境をこえて移動することで世界の一体化が進んでいる。これを(　　　　　　)という。

②　商品の輸出入が盛んに行われて国際(a　　　　　　)が進むと，競争力のないものは輸入にたよるようになり，国際分業が行われるようになる。今日の日本で食料(b　　　　　　)の低さが課題となっているのも，食料品の輸入が増加し，食の国際化が進んだことが一因である。

③　情報社会では，大量に情報があふれているので，情報を適切に選択し活用するという,「情報(　　　　　　)」の能力を高める必要がある。

問2　次のア～ウの行為のうち，情報モラルに反しない行為を一つ選び，記号で答えなさい。

ア　自分のウェブページに雑誌のイラストをのせた。

イ　チェーンメールが来たが転送しなかった。

ウ　インターネットの掲示板に友達の悪口を書いた。　　(　　　　)

❷ 次の資料①，②を見て，あとの問いに答えなさい。

資料① 日本の合計特殊出生率と平均寿命の推移

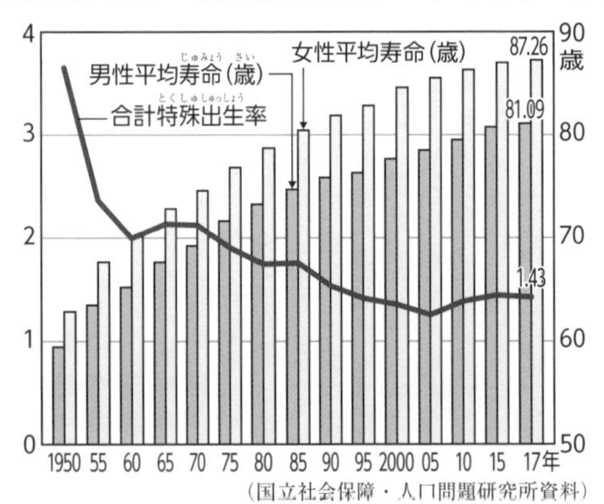

(国立社会保障・人口問題研究所資料)

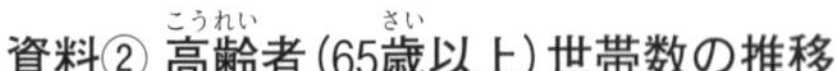
資料② 高齢者(65歳以上)世帯数の推移

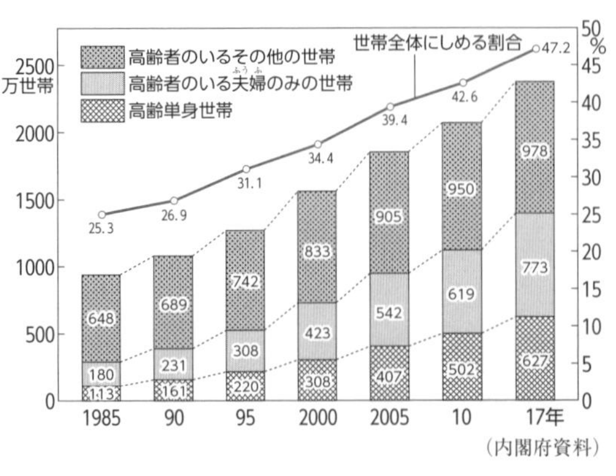

(内閣府資料)

問1　日本の社会は現在，少子高齢社会といわれ，少子高齢化をもたらしている原因は合計特殊出生率と平均寿命の変化にあるとされている。資料①のグラフを見て，それぞれどのように変化しているか，簡潔に書きなさい。

(　　　　　　　　　　　　　　　　　　　　　　　　　　　　)

問2　近年は以前に比べて，高齢者の介護などを家族だけで担うことが難しくなっているといわれる根拠を，資料②のグラフに基づき，「高齢者世帯数全体が増加しているだけでなく，」に続けて，説明しなさい。

（　　　　　　　　　　　　　　　　　　　　　　　　　　　　　　　　　　）

❸ 次の文を読み，あとの問いに答えなさい。

国は（　X　）法を制定し，建造物や絵画などの（　Y　）文化財や，音楽や工芸技術などの無形文化財，年中行事などの民俗文化財などの保存や活用に努めている。

問1　文中の空欄X，Yにあてはまる語句を書きなさい。

X（　　　　　　）　Y（　　　　　　）

問2　文中の下線部について，次の問いに答えなさい。

① 2013年，日本人の伝統的な食文化である和食が国連教育科学文化機関(UNESCO)の「無形文化遺産」に登録された。日本政府は登録申請の際，和食の特徴の一つとして年中行事との密接な関わりを挙げたが，そのほかにあなたが特に挙げたい和食の特徴を一つ書きなさい。

（　　　　　　　　　　　　　　　　）

② 次のA，Bの年中行事は何月の行事か，それぞれ該当する月の数字を書きなさい。

A　端午の節句　　B　節分

A（　　　　）月　　B（　　　　）月

❹ 次の問いに答えなさい。

問1　対立が起きたときみんなの合意を得られる解決策を作るのに大切な，公正の観点に配慮した決め方を次のア～エから二つ選び，記号で答えなさい。

ア　時間や労力がより少なくなるように決められている。
イ　立場を変えても納得できるように決められている。
ウ　みんなの意見が反映されるように話し合いで決められている。
エ　みんなのお金や物を無駄なく使うように決められている。　（　　　　　）

問2　次の文中の空欄A，Bにあてはまる語句を書きなさい。

時間はかかるがみんなの意見が反映されて納得を得られる採決の仕方に，（　A　）という方法がある。これに対して，限られた時間で一定の結論を出さなければならない場合には，（　B　）という方法が採られることが多い。

A（　　　　）　B（　　　　）

❶ 解答

問１　①グローバル化
　　②ａ：競争
　　　ｂ：自給率
　　③リテラシー

問２　イ

ココがポイント！

問１　①現代社会の特色の一つはグローバル化である。②国際競争が進むと，国際分業が行われるようになる。食料自給率の低下は，それがもたらす豊かさ，便利さと課題を示している。③情報化がもたらす課題が情報リテラシーである。

問２　イのチェーンメールは迷惑(めいわく)メールです。

❷ 解答

問１　㊋　合計特殊出生率が低下している。平均寿命は（男女とも）のびている。

問２　㊋　高齢者世帯にしめる高齢単身世帯や高齢者のいる夫婦のみの世帯の数が増えていること。

ココがポイント！

問１　合計特殊出生率(とくしゅしゅっしょう)を示す折れ線グラフが右下がりの傾向(けいこう)であるのに対して，平均寿命を示す棒グラフは右上がりの傾向であることを読み取る。

問２　多くの労力や費用が必要な介護(かいご)を，高齢者(こうれい)自身で行わなければならないのは困難なことである。資料②のグラフで，高齢単身世帯や高齢者のいる夫婦(ふうふ)のみの世帯の数が増えていることは，それだけ介護などが困難な世帯が増えていると考えられる。

❸ 解答

問１　Ｘ：文化財保護
　　Ｙ：有形

問２　①　㊋　自然の美しさや季節感の表現
　　②Ａ：５
　　　Ｂ：２

ココがポイント！

問１　文化財保護法には，有形文化財や無形文化財など６種類の保護を規定している。

問２　①日本政府は和食の特徴(とくちょう)として，年中行事との関わりのほかに，「自然の美しさや季節感の表現」「栄養のバランスのとれた健康食」「新鮮(しんせん)な食材とその持ち味の尊重」を挙げ，全体として，「和食は自然を尊重する日本人の心の表現」とした。そのほかに，自分自身が挙げたい和食の特徴を記述する。

❹ 解答

問１　イ，ウ

問２　Ａ：全会一致
　　Ｂ：多数決

ココがポイント！

問１　イは機会や結果の公正さ，ウは手続きの公正さに配慮(はいりょ)した決め方である。ア，エは効率に配慮した決め方である。

問２　多数決の短所は，少数意見が反映されにくいことである。

導入の活動　ちがいのちがい

●教科書 p.38〜39

みんなでチャレンジ
(1)それぞれの「ちがい」が「あってもよいちがい」か「あってはならないちがい」か，理由もふくめて各自で考え，教科書p.39の表(マトリックス)を使って分類しましょう。
(2)分類した理由をグループで発表し合い，それぞれに分類したカードに，どのような共通点があるか，グループでまとめましょう。
(3)グループでの話し合いの中，考えが変わった場合でも，最初の分類は消さず，別の分類に書き加えましょう。
(4)活動をふり返り，自分の考えをまとめましょう。

解答例

(1)(下表参照)

	カード番号	そのように判断した理由	カードの共通点
あってもよいちがい	2	信仰のちがいは個人の自由であるから。	ちがいがあっても，個人の尊厳は守られる。
	6	芸能人は，人に知ってもらうことも仕事にふくまれ，一般人よりも公開される個人情報の範囲は広くなるから。	
	8	介助犬は飼い主と一体で行動する役割を持っているから。	
あってはならないちがい	1	人による支配は，国民の人権侵害が起こりやすいから。	ちがいがあると，個人の尊厳が守られない。
	3	その国の政治・経済の事情がちがっても，すべての子どもが平等に教育を受けられるようにするべきだから。	
	4	核兵器は平和を脅かすものとして，全ての国が持つべきでないから。	
	5	雇用の機会は男女平等であるべきだから。	
判断が難しいちがい	7	外国人でも，長年にわたってその国や地域の住民として税金を支払い，生活しているなどの条件の有無によって，投票できるようにするかどうかを判断するべき。	条件により，ちがいがあっても個人の尊厳が守られる場合がある。
	9	どの場所でも平等に日当たりを受けられるべきだが，実際には場所によって日光の量が異なるから。	

(2)(3)(4)(省略)

探究のステップ　気付いたことを出し合おう

日本国憲法が保障する権利を守るために，私たちはどのように社会に関わるべきでしょうか。

1節 ☑ 憲法が大切にされてきたのはなぜでしょうか。

2節 ☑ 日本国憲法では，なぜ人権を保障することが大切なのでしょうか。

3節 ☑ 新しい人権が認められてきたのはなぜでしょうか。

1節 人権と日本国憲法

☑ 憲法が大切にされてきたのはなぜでしょうか。

1 人権の歴史と憲法

●教科書 p.40～41

ここに注目！

1 人権の考え方	2 人権思想の発展と広がり	3 憲法と立憲主義の意義
人権とは何？	人権の考え方はどのようにして広がってきたの？	なぜ憲法が作られるようになったの？

？ 人権と憲法にはどのような関係があるのかな？

見方・考え方　(1)人の支配と法の支配とのちがいを考えましょう。(2)個人として尊重されるために，法の支配が重要な理由を説明しましょう。

解答例　(1)人の支配では，支配される人の人権が権力者の思いどおりに制限されてしまうが，法の支配では，法によって権力が制限され，人権が保障される。(2)人が個人として尊重されるためには，個人として尊重されるべきであるという理念や考え方だけでなく，それを明文化した法が作られ，皆が同意する必要があるから。

1 人権の考え方　人間が生まれながらにして持っている権利

人間が生まれながらにして持っている権利のことを人権(基本的人権)という。17世紀から18世紀にかけての近代革命では，人権の考え方(人権思想)が，身分制度の下(もと)での国王の支配をたおすうえで大きな力になり，近代革命の中で出されたアメリカ独立宣言やフランス人権宣言などでは，全ての人間は生まれながらにして人権を持つことが宣言された。

▼近代革命に影響をあたえた思想家

思想家	著書など
ロック	イギリスの思想家。「統治二論」で抵抗権(ていこうけん)を唱えた。
モンテスキュー	フランスの思想家。「法の精神」で三権分立を唱えた。
ルソー	フランスの思想家。「社会契約論(けいやくろん)」で人民主権を唱えた。

2 人権思想の発展と広がり　近代には自由権と平等権が，20世紀に入ると社会権が認められた。

近代の独立宣言や人権宣言では，表現の自由などの自由権と，身分制度を否定する平等権が保障された。20世紀に入ると，人間らしい豊かな生活を保障しようとする社会権が認められるようになった。第二次世界大戦後には，人権は各国で広く保障され，さらに，国際連合の世界人権宣言などによって国際的に保障され，世界共通の考え方になった。

3 憲法と立憲主義の意義　人権を保障するため。

人権を保障するためには，法の役割が重要である。政治は人の支配ではなく，法の支配に基づいて行われる必要がある。法にはさまざまなものがあるが，近代革命の後，多くの国では人権を保障するために，最高の法として憲法を制定するようになった。政治権力も憲法に従う必要があり，憲法に違反する法律などは効力を持たない。法の支配に基づき，憲法によって政治権力を制限して人権を保障するという考え方を立憲主義という。

▼人の支配と法の支配

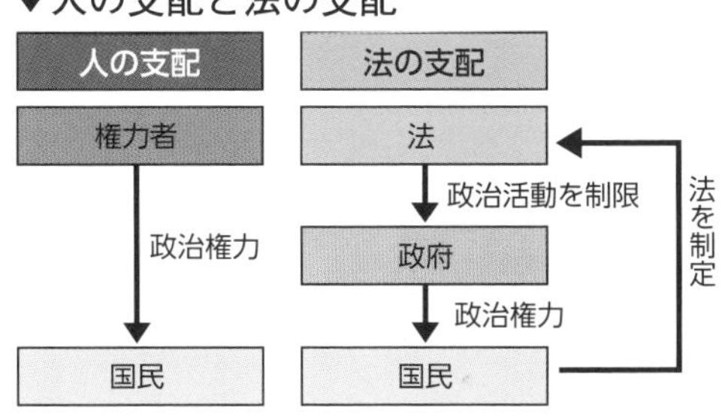

チェック　法の支配とは，どのようなことを意味しているか，本文からぬき出しましょう。

解答例　「近代革命の後，多くの国では人権を保障するために，最高の法として，憲法を制定するようになりました。政治権力も憲法に従う必要があり，憲法に違反する法律などは効力を持ちません。」

まとめる　(1) 1 を見て，それぞれの宣言や憲法などの背景になっている出来事を挙げましょう。(2)それぞれの文章や条文で，どのような人権が保障されているか，まとめましょう。

解答例　(1)(背景になっている出来事)

・マグナ・カルタ→国王の専制による，国王と議会の対立
・権利章典→国王の専制に対して，議会が反発して起こった名誉革命
・アメリカ独立宣言→本国による植民地への弾圧が原因で起こった独立戦争
・フランス人権宣言→国王による絶対王政に反発して起こったフランス革命
・大日本帝国憲法→明治政府による近代国家成立に向けた施策と自由民権運動の高まり
・ワイマール憲法→第一次世界大戦で敗戦したドイツで起こった革命
・日本国憲法→太平洋戦争で敗戦した日本を占領したGHQによる民主化政策
・世界人権宣言→第二次世界大戦後，人権保障と世界平和が国際社会全体の問題として認識されてきたこと

(2)(保障されている人権)

・マグナ・カルタ→身体の自由，財産権など
・権利章典→自由権，請願権など
・アメリカ独立宣言→自由権，平等権，幸福追求権など
・フランス人権宣言→自由権，平等権，抵抗権など
・大日本帝国憲法→臣民の権利など
・ワイマール憲法→社会権など
・日本国憲法→自由権，平等権，社会権など
・世界人権宣言→自由権，平等権など

トライ　立憲主義が重要な理由を，憲法の役割に着目して説明しましょう。

解答例　憲法は，他の法律も政治権力も従う最高の法であり，憲法に基づく法の支配である立憲主義を守ることが人権を保障することになるから。

●教科書 p.42～43

2 日本国憲法とは

ここに注目！

1 大日本帝国憲法

大日本帝国憲法はどのような権利を定めていたの？

2 日本国憲法の制定とその基本原理

日本国憲法はどのような原理に基づき，どのように制定されたの？

3 日本国憲法が定める政治の仕組み

日本の政治の仕組みはどうなっているの？

日本国憲法はどのような考え方に基(もと)づいて作られているのかな？

考える

1のⒶからⒻは，それぞれ～

解答例

Ⓐ→第１章
Ⓑ→第２章
Ⓒ→第３章
Ⓓ→第４章
Ⓔ→第５章
Ⓕ→第６章

1 大日本帝国憲法　天皇主権に基づき，国民には「臣民の権利」があたえられた。

日本では，1889年に大日本帝国憲法が発布された。これは天皇主権の考えに基づいており，国民は天皇があたえる「臣民(しんみん)ノ権利」を持つと定められた。また，帝国議会が開設されたが，国民は，二つの議院のうち，衆議院議員だけを選挙で選んだ。また，大日本帝国憲法は，立憲主義を取り入れてはいたが，結果的に軍部の台頭をおさえることはできなかった。

2 日本国憲法の制定とその基本原理　GHQの草案に基づき，国民主権，基本的人権の尊重，平和主義が基本原理とされた。

1945年８月に太平洋戦争が終わると，日本を占領(せんりょう)した連合国軍最高司令官総司令部(GHQ)は民主化を求めた。政府はGHQの草案を基に憲法改正案を作り直し，帝国議会で一部修正のうえ可決された。日本国憲法は1946年11月３日に公布，1947年５月３日に施行(しこう)された。国民主権，基本的人権の尊重，平和主義が，日本国憲法の三つの基本原理である。

3 日本国憲法が定める政治の仕組み　立法権，行政権，司法権の三権分立

国の政治の仕組みは三権分立(権力分立)を採用している。これは，国の権力を三つに分けて，それぞれを別の機関が持つことで権力の集中を防ぎ，国民の人権を守るという考え方である。三権のうち，立法権は法律を制定する権力，行政権は法律を実施(じっし)する権力，司法権は争いを法に基づいて解決する権力である。日本では，立法権は国会，行政権は内閣，司法権は裁判所がそれぞれ持っている。

チェック

日本国憲法の三つの基本原理を，本文からぬき出しましょう。

解答例

「国民主権，基本的人権の尊重，平和主義(が，日本国憲法の三つの基本原理です。)」

▼大日本帝国憲法と日本国憲法との比較

大日本帝国憲法		日本国憲法
1889(明治22)年２月11日発布	発布・公布	1946(昭和21)年11月３日公布
1890年11月29日	施行	1947年５月３日
天皇が定める欽定憲法	形式	国民が定める民定憲法
天皇主権	主権	国民主権
神聖不可侵で統治権を持つ元首	天皇	日本国・日本国民統合の象徴
各大臣が天皇を輔弼	内閣	国会に連帯責任を負う
天皇の協賛(同意)機関 衆議院と貴族院 衆議院議員のみ国民が選挙	国会	国権の最高機関，唯一の立法機関 衆議院と参議院 両院の議員を国民が選挙
「臣民ノ権利」(法律によって制限)	人権	おかすことのできない，永久の権利として認められる(基本的人権の尊重)
天皇が統帥権を持つ 国民に兵役の義務を課す	軍隊	永久に戦争を放棄する(平和主義)
規定なし	地方自治	規定あり(首長と議員を住民が選挙)
天皇の発議→帝国議会の議決	憲法改正	国会の発議→国民投票

▼日本国憲法の構成と三権分立

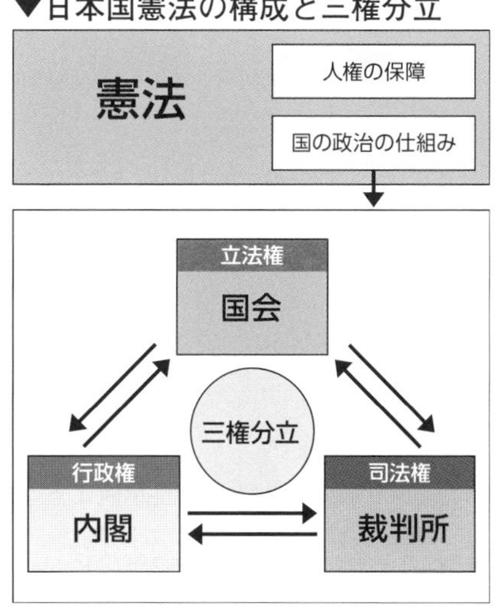

読み取る　５を見て大日本帝国憲法と～

解答例　大日本帝国憲法と日本国憲法では，次のちがいがある。
・制定時期のちがい。
・欽定憲法と民定憲法という形式のちがい。
・天皇主権と国民主権という主権のちがい。
・内閣が，天皇を補弼することと国会に連帯責任を負うことのちがい。
・国会が，天皇の協賛機関と，国権の最高機関・唯一の立法機関のちがい。貴族院と参議院のちがい。選挙で選ばれる議員のちがい。
・人権が法律によって制限されることと，おかすことのできない，永久の権利として認められることのちがい。
・軍隊を認めることと戦争を放棄することのちがい。
・憲法改正方法の発議と決定のちがい。

トライ　日本国憲法の仕組みの特色を，大日本帝国憲法とのちがいに着目して説明しましょう。

解答例　大日本帝国憲法は最上位に天皇がいることに対して，日本国憲法は憲法自体が最上位に位置する。そして，憲法の下で，国会，内閣，裁判所の各機関が，おたがいを抑制しながら均衡を保つ仕組みになっている。

3 国民主権と私たちの責任

●教科書 p.44～45

ここに注目！

1 国民主権と政治参加
国民主権とは
どのような考え方？
どのようにして
政治と関わるの？

2 憲法改正
憲法改正は
どのような手続きで
行われるの？

3 「象徴」としての天皇
天皇は
「象徴」として
何を行うの？

？ なぜ国民主権は大切なのかな？

チェック 国民主権とは，どのようなことを意味しているか，本文からぬき出しましょう。

解答例 「主権を持つ者（主権者）は国民であるという考え方」

1 国民主権と政治参加

主権者は国民である。日本では議会制民主主義が採られている。

国民主権は，主権を持つ者（主権者）は国民であるという考え方であり，日本では主権を持つ国民によって選ばれた代表者が，国会で政治について決定する議会制民主主義が採られている。

2 憲法改正

両院の審議では各総議員の3分の2以上，国民投票では有効投票の過半数の賛成が必要。

憲法改正原案が国会に提出されると，衆議院と参議院で審議(しんぎ)される。各総議員の3分の2以上の賛成で可決されると，国会は国民に対して憲法改正の発議を行う。その後，満18歳(さい)以上の国民による国民投票が行われ，有効投票の過半数の賛成を得ると憲法が改正される。

トライ 国民主権が重要な理由を，「法の支配」の観点から説明しましょう。

解答例 国民主権の考え方を憲法によって明文化することで，国民全体が同意して，この考え方を守っていくことができるから。

3 「象徴」としての天皇

内閣の助言と承認に基づき，国事行為を行う。

日本国憲法では，天皇は，日本の国と国民全体の「象徴(しょうちょう)」であると定められた。天皇は憲法に定められた国事行為(こうい)だけを行い，国事行為を行うときは，内閣の助言と承認(しょうにん)が必要である。

▼主な天皇の国事行為

国事行為	条項
国会の指名に基(もと)づく内閣総理大臣の任命	第6条①
内閣の指名に基づく最高裁判所長官の任命	第6条②
憲法改正，法律，条約などの公布	第7条1
国会の召集(しょうしゅう)	第7条2
衆議院の解散	第7条3
栄典の授与(じゅよ)	第7条7

読み取る **2**の憲法前文の中で，日本国憲法の三つの基本原理「国民主権」「基本的人権の尊重」「平和主義」が，どのように書かれているか，読み取りましょう。

解答例
・国民主権→「正当に選挙された国会における代表者を通じて行動し」「ここに主権が国民に存することを宣言し」
・基本的人権→「わが国全土にわたつて自由のもたらす恵沢を確保し」
・平和主義→「諸国民との協和による成果」「政府の行為によつて再び戦争の惨禍が起ることのないやうにすることを決意し」

4 平和主義の意義と日本の役割

●教科書 p.46～47

ここに注目！

1 平和主義と憲法第９条	2 日米安全保障条約と集団的自衛権	3 自衛隊の国際貢献	4 被爆国日本の役割
日本国憲法では平和主義はどのように定められているの？	日米安全保障条約は，どのような内容なの？	自衛隊はどのような国際貢献をしているの？	被爆国日本は国際社会でどのような役割を果たすの？

？ 平和主義をかかげる日本は国際社会でどのような役割を果たしていくべきなのかな？

1 平和主義と憲法第９条　戦争放棄／交戦権を認めない。

日本国憲法は，戦争を放棄して世界の平和のために努力するという**平和主義**をかかげた(憲法第９条)。第９条第２項は，陸海空軍などの戦力を持たず，交戦権を認めないと定めている。また，日本は国を防衛するために**自衛隊**を持っている。自衛隊が憲法第９条に反しないのかという点について，政府は，主権国家には自衛権があり，憲法は「自衛のための必要最小限度の実力」を持つことは禁止していないと説明している。

▼日本の防衛関係費の推移

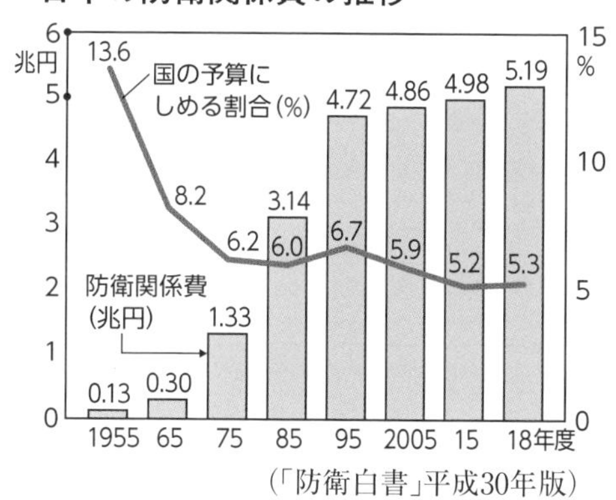

(「防衛白書」平成30年版)

考える 原爆ドームが世界遺産に登録された理由を考えましょう。

解答例 原子爆弾によって大きな被害を受けた姿を残すことによって，世界の人々が二度と同じような悲劇をくり返さないという願いを持ち続けていくため。

2 日米安全保障条約と集団的自衛権　他国の攻撃に日本とアメリカが共同で対応　必要最小限の集団的自衛権の行使

日本はアメリカと**日米安全保障条約**(**日米安保条約**)を結んでいる。他国が日本の領域を攻撃してきたときに日本とアメリカが共同で対応すると約束し，領域内にアメリカ軍の駐留を認めている。

2015年には，日本と密接な関係にある国が攻撃を受け，日本の存在にも危険がおよび，ほかに適当な手段がない場合，攻撃国に対して必

チェック 日本が平和主義をかかげる理由を，本文からぬき出しましょう。

解答例 「日本は，太平洋戦争で多くの国々，なかでもアジア諸国の人々に対して多大な損害をあたえ，日本の国民も大きな被害を受けました。」

要最小限度の**集団的自衛権**を行使できるとする法改正が行われたが，これに対して，憲法第９条で認められる自衛の範囲をこえているという意見もある。

Q 「集団的自衛権」とは？

A 自国は攻撃を受けていなくても，攻撃を受けた同盟関係にある国の防衛活動に参加する権利。国際連合は集団的自衛権を認めているが，日本の政府は，憲法上，集団的自衛権は使えないとしてきた。しかし，2014年に限定的に使えるという見解に変更し，2015年には安全保障関連法が改正された。

3 自衛隊の国際貢献　平和維持活動（PKO）への参加，災害派遣

トライ 国際平和のために日本が果たす役割について，次の語句を使って説明しましょう。［自衛隊／被爆国］

解答例 自衛隊によって，武力行使にならない国際貢献活動を行うとともに，世界で唯一の被爆国として，核兵器の廃絶と軍縮による国際平和を積極的に推進していく。

自衛隊は近年，日本の防衛だけでなく，さまざまな国際貢献をしている。**国際平和協力法**（PKO協力法）に基づいて，ハイチや南スーダンなどでの国際連合の**平和維持活動**（PKO）へ参加してきた。こうした活動は，武力の行使にならない範囲で行うことが国際社会から求められている。また，東日本大震災といった自然災害などのときの災害派遣も重要な任務の一つである。

4 被爆国日本の役割　非核三原則をかかげ，核兵器の廃絶と軍縮による平和を推進する。

日本は1945年８月に，広島と長崎に原子爆弾を投下され，多くの犠牲者が出た。日本は，**核兵器**を「持たず，作らず，持ちこませず」という**非核三原則**をかかげている。核兵器の廃絶と軍縮による平和の推進は，国際社会において日本が果たすべき役割である。

見方・考え方
(1)地図帳で沖縄の「位置」を確認しましょう。
(2)教科書201ページの**6**を見て東アジア諸国の軍事力を比較しましょう。
(3)(1)・(2)を基に，アメリカ軍が沖縄に残っている理由を考えましょう。

解答例 (1)地図帳で，沖縄が周囲の国々から見て，どのような位置にあるかを確認する。
(2)世界の中で東アジア諸国のうち，中国，日本，韓国の軍事支出が多く，中でも中国は，日本の約５倍，韓国の約６倍の軍事支出があり，アメリカに次いで多い。
(3)軍事力がある中国は，アメリカにとって脅威であり，中国を牽制するために，中国に近い位置にある沖縄に軍を駐留させている。

5 基本的人権と個人の尊重

●教科書 p.48〜49

ここに注目！

1 人権を保障するとは
人権を保障するとはどのような意味？

2 だれもが持っている人権
全ての人の人権を保障するために何が必要なの？

3 子どもの人権
子どもの人権はどのように考えられているの？

？ なぜ基本的人権を保障することが重要なのかな？

1 人権を保障するとは　「個人の尊重」「法の下の平等」との深い関係

私たちが自由に人間らしく生きていけるための基本的人権の保障は，一人一人の個性を尊重し，かけがえのない個人としてあつかうという「個人の尊重」の考え方(憲法第13条)に基づいている。この考え方は，「法の下(もと)の平等」(憲法第14条①)と深く関係している。

2 だれもが持っている人権　個人として尊重される仕組みづくり　憲法は，社会で弱い立場の人の主張の支え

国は全ての国民がかけがえのない個人として尊重される社会の仕組みをつくる役割を担(にな)っている。また，憲法による人権の保障は，特に社会の中で弱い立場に置かれる可能性のある人々にとって，より大切である。弱い立場の人々が，差別や不利益の解決を国や社会に対して求める場合に，憲法の規定が主張の支えになるからである。

3 子どもの人権　生きる権利，守られる権利，育つ権利，参加する権利

子どもにも人権がある。1989年に国際連合で採択(さいたく)された「子ども(児童)の権利条約」を，日本は1994年に批准(ひじゅん)した。

▼子どもの権利

権利	内容
生きる権利	防げる病気などで命を失わないこと／病気やけがをしたら治療(ちりょう)を受けられること
守られる権利	あらゆる種類の虐待(ぎゃくたい)や搾取(さくしゅ)などから守られること／障がいのある子どもや少数民族の子どもなどは特別に守られること
育つ権利	教育を受け，休んだり遊んだりできること／考えることや信じることの自由が守られ，自分らしく育つことができること
参加する権利	自由に意見を表明したり，集まってグループを作って自由な活動をしたりできること

見方・考え方　「個人の尊重」とともに平等権が重要なのはなぜか，考えましょう。

解答例　立場の弱い人が差別や不利益を受けないことも，個人を尊重することであるから。

チェック　個人の尊重とは，どのようなことを意味しているか，本文からぬき出しましょう。

解答例　「一人一人の個性を尊重し，かけがえのない個人としてあつかう」

トライ　基本的人権の保障に必要なことを，次の語句を使って説明しましょう。[法の下の平等]

解答例　法の下の平等に基づいて，特に弱い立場の人が差別や不利益の解決を主張できる場や仕組みを整えていくことが必要である。

２節　人権と共生社会

☑ 日本国憲法では，なぜ人権を保障することが大切なのでしょうか。

1　平等権①　共生社会を目指して

●教科書 p.50～51

ここに注目！

1 平等に生きる権利	2 部落差別の撤廃	3 アイヌ民族への差別の撤廃	4 在日韓国・朝鮮人への差別の撤廃
平等に生きるとは，どのようなこと？	部落差別撤廃のための取り組みは？	アイヌ民族への差別撤廃のための取り組みは？	在日韓国・朝鮮人への差別撤廃のための取り組みは？

？ 日本にはどのような差別があり，差別をなくすためにどのような努力がなされてきたのかな？

チェック 現在も日本に残っている差別の例を，本文からぬき出しましょう。

解答例 「就職や教育，結婚などの面で差別は続きました」「伝統的な風習などを否定する同化政策を進めました」「日本では，今なおこれらの人々に対する差別がなくなっていません」

トライ 差別をなくすために重要なことを，「個人の尊重」の観点から説明しましょう。

解答例 皆が，一人一人がかけがえのない個人であるという意識をもって，おたがいを尊重しながら接することが重要である。

1 平等に生きる権利　平等なあつかいを受けることであり，特に「生まれ」による差別は決して許されない。

全ての人間は平等な存在であり，平等なあつかいを受ける権利である平等権を持っているが，偏見に基づく差別が今もなお残っている。特に「生まれ」による差別は，基本的人権の尊重という日本国憲法の基本原理に反するものであり，決して許されない。

2 部落差別の撤廃　部落差別解消推進法の制定

部落差別は，被差別部落の出身者に対する差別のことで，同和問題ともいう。1965年に同和対策審議会の答申が出され，部落差別をなくすことが国の責務であり，国民の課題であると宣言した。2016年には，部落差別解消推進法が制定された。

3 アイヌ民族への差別の撤廃　アイヌ民族支援法の制定

1997年に制定されたアイヌ文化振興法では，アイヌの伝統を尊重することが求められ，2019年にはアイヌ民族支援法にかわり，アイヌ民族が先住民族として法的に位置付けられた。

4 在日韓国・朝鮮人への差別の撤廃　歴史的事情に配慮した人権の保障

日本には多くの在日韓国・朝鮮人が暮らしているが，これらの人々に対する差別がなくなっていない。歴史的事情に配慮して，在日韓国・朝鮮人の人権を保障していくことが求められている。

2 平等権② 共生社会を目指して

●教科書 p.52～53

ここに注目！

1 男女平等を目指して	2 性の多様性への理解	3 障がいのある人への理解	4 在日外国人への理解
男女平等のためには何が必要なの？	性の多様性に対して，どのように考える必要があるの？	障がいのある人に対して，どのような配慮が必要なの？	在日外国人に対して，どのように考える必要があるの？

？ 共生社会を築いていくために，私たちにはどのような取り組みや努力が求められているのかな？

1 男女平等を目指して

男性も女性も対等な立場で活躍できる社会を創る。

女性は仕事や職場の中で，雇用や昇進の面で男性より機会が少なくおくれがちである。1985年に男女雇用機会均等法が制定され，雇用の面での女性への差別が禁止された。さらに，1999年には男女共同参画社会基本法が制定され，男性も女性も対等な立場で活躍できる社会を創ることが求められている。こうした社会の実現のために，育児・介護休業法に基づいて，男女ともに育児と仕事を両立しやすい環境を整えることが必要である。

▼女性の年齢別の働いている割合

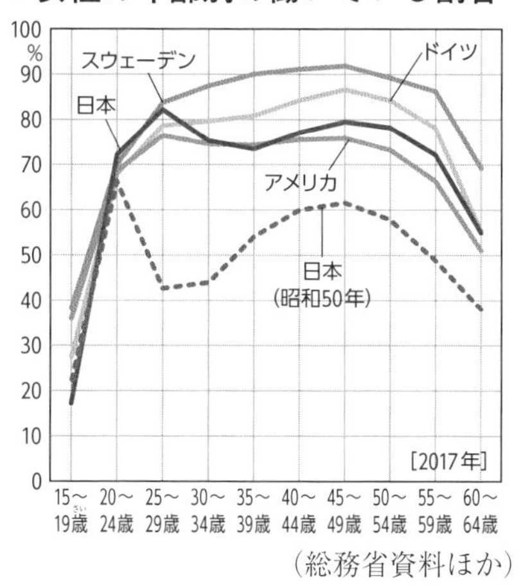

（総務省資料ほか）

▼男女の年齢別賃金

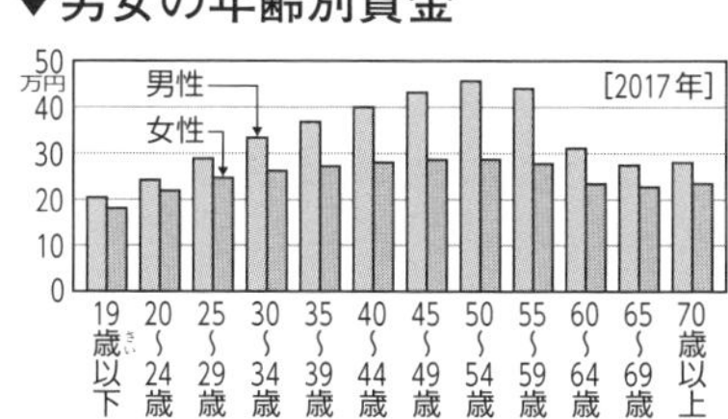

＊10人以上の企業。フルタイムの労働者の１か月の賃金で賞与などはふくまない。

（「賃金構造基本統計調査」平成29年）

みんなでチャレンジ

(1)右のイラストで，～
(2)インクルーシブな～
(3)校内や～

解答例

(1)・電車の中の車いす利用者やベビーカー利用者のためのスペース・優先席
・多機能トイレ
・道路の視覚障害者誘導用ブロック
など

(2)・仕組みやルールを決めるときに，高齢者や障害者の立場も考えながら，さまざまな視点で考える。
など

(3)・校舎の外から玄関までが階段だけなので，スロープも作る必要がある。
・排水溝のふたの目があらく，車いすやつえが引っかかってしまうため，目の細かいふたに変える必要がある。
など

2 性の多様性への理解　性の意識のちがいによる差別は許されない。

性の意識は人によってさまざまである。性は個人の生き方そのものに関わる問題であり，性の意識のちがいによる差別は許されない。同性愛の意識がある人々や，身体的な性別と意識する性別とのちがいを感じている人々が，自分らしく生きられるように配慮する動きも広がりつつある。

集める　「パートナーシップ証明書」があるとどのようなことが可能になるのか，調べましょう。

解答例　・携帯電話サービスなどの家族割引を適用される場合がある。
・住宅ローンや生命保険のサービスをパートナーとして受けられる場合がある。
など

3 障がいのある人への理解　インクルージョンの実現

障がいがあっても教育や就職の面で不自由なく生活できるインクルージョンの実現が求められている。例えば，公共の交通機関や建物では，障がいのある人々も利用しやすいように，段差をなくすといったバリアフリー化が進められている。また，障がいのある人の自立と社会参画の支援を目的として障害者基本法が制定され，さらに，2013年には，差別を禁止する障害者差別解消法も制定された。

チェック　インクルージョンの実現とは，どのようなことを意味しているか，本文からぬき出しましょう。

解答例　「障がいがあっても教育や就職の面で不自由なく生活できる」

Q「バリアフリー」とは？

A 障がいのある人や高齢者などが，社会の中で安全・快適に暮らせるよう，身体的，精神的，社会的な障壁（バリア）を取り除こうという考え。

Q「障害者差別解消法」が求めることは？

A 国や地方公共団体，企業に，障がい者に対する「合理的配慮」を求めている。合理的配慮とは，障がいのある人から，何かの対応をしてほしいと伝えられたときに，負担が大きすぎない範囲で対応や努力をすることである。

4 在日外国人への理解　不当な不利益や差別を受けないようにする。教育や社会保障などの面での配慮。

日本で暮らす外国人の数は増えており，2017年現在，日本の人口の約2.0％をしめる。日本で暮らす外国人が不当な不利益や差別を受けないようにするとともに，教育や社会保障などの面で，言葉や文化のちがいに対して配慮することも必要である。

トライ　共生社会の実現のために必要なことを，教科書50・51ページの学習もふり返って考えましょう。

解答例　・一人一人が，人は皆平等であり，個人として尊重されなければならないという意識を持って行動する。それとあわせて，社会のルールや仕組みを，さまざまな立場の視点から検討し，決めていく。

●教科書 p.54〜55

3 自由権　自由に生きる権利

ここに注目！

1 憲法が保障する自由とは
日本国憲法が保障する自由権には何があるの？

2 精神の自由
精神の自由とはどのような自由なの？

3 身体の自由
身体の自由とはどのような自由なの？

4 経済活動の自由
経済活動の自由とはどのような自由なの？

？ 自由権とはどのような権利であり，日本国憲法でどのように保障されているのかな？

1 憲法が保障する自由とは　精神の自由，身体の自由，経済活動の自由

自由に物事を考え，行動することを保障するのが自由権である。自由権は，近代に保障されるようになった人権の中心であり，現在でも重要な権利である。日本国憲法が保障する自由権には，精神の自由，身体の自由，経済活動の自由がある。

▼日本国憲法に定められた自由権

精神の自由	
思想・良心の自由	第19条
信教の自由	第20条
集会・結社・表現の自由	第21条
学問の自由	第23条

身体の自由	
奴隷的拘束・苦役からの自由	第18条
法定手続きの保障，罪刑法定主義	第31条
逮捕，捜索などの要件	第33条〜第35条
拷問の禁止，自白の強要の禁止などの刑事手続きの保障	第36条〜第39条

経済活動の自由	
居住・移転・職業選択の自由	第22条
財産権の保障	第29条

見方・考え方
(1)検閲によって制限される自由は，5のどれか，挙げましょう。
(2)検閲や拷問はなぜ問題か,「個人の尊重」の観点から考えましょう。

解答例
(1)思想・良心の自由，信教の自由，表現の自由，学問の自由
(2)検閲や拷問は，個人を無視して強制的に権力者の考えに従わせる行為だから。

チェック 自由権にはどのような種類があるか，本文からぬき出しましょう。

解答例 「精神の自由，身体の自由，経済活動の自由」「思想・良心の自由」「信教の自由」「集会・結社・表現の自由」「学問の自由」「令状のない逮捕や住居の捜索を禁止」「拷問や残虐な刑罰を強く禁止」「強要された自白は証拠にならない」「職業選択の自由」「財産権」「居住・移転の自由」

トライ 自由権が保障されることが重要な理由を，「個人の尊重」の観点から説明しましょう。

解答例 人がかけがえのない個人として尊重されるためには，個人の考え方や価値観が認められること，不当に拘束されないこと，正当な経済活動が認められることが必要であるから。

2 精神の自由

自由に考え，自分の意見を発表すること

自由に考え，自分の意見を発表することは，私たちの生活の中でも，国民の意見が政治に反映されるためにも重要であり，日本国憲法は精神の自由を保障している。精神の自由には，思想・良心の自由，信教の自由，集会・結社・表現の自由，学問の自由がある。憲法は，国が本の内容などを事前に確認する検閲も禁止している。

3 身体の自由

正当な理由なくとらえられること，罪を犯していないのに刑罰を受けることは許されない。

私たちが自由に生きるうえで，正当な理由もなくとらえられたり，罪を犯していないのに刑罰を受けたりすることがあってはならない。日本国憲法は犯罪の捜査や裁判などにおいて，身体の自由を保障している。裁判官の令状なしに逮捕されたり，住居を捜索されたりしない。自白の強要は許されず，拷問は禁止されている。

4 経済活動の自由

得た財産を自由に使えるが，自由な経済活動によって貧富の差が広がらないようにする。

人々は，職業に就いて働き，得た財産を生活のために使う。日本国憲法では，職業選択の自由，財産権の保障，居住・移転の自由といった経済活動の自由が保障されている。しかし，自由な経済活動によって貧富の差が広がり，不公平な社会になってしまったりするおそれもあるため，精神の自由に比べて法律で広く制限されている。

みんなでチャレンジ

(1)5を参考にしながら，次のA～Iの九つの「自由」を，～

(2)A～I以外に自分にとって必要だと思う「自由」を一つ考え，～

(3)ほかの人が考えた「自由」で，自分も大事だと考える「自由」を～

(4)自分やほかの人が考えた「自由」について，必要だと思う理由を，～

解答例 (1)右図

精神の自由
A C D F G
I
B E H
身体の自由
経済活動の自由

(2)・自分の進路を決める自由(精神の自由)

・見たい映画を見る自由(精神の自由)

・自分が乗りたい自動車を買う自由(経済活動の自由)

など

(3)((2)から)「自分の進路を決める自由」を選ぶ。

(4)((3)の場合)自分の進路を自分で決めれば，たとえ思いどおりにいかなかった場合でも，だれかを責めることなく，後悔しないはずだから。

●教科書 p.56〜57

4 社会権　豊かに生きる権利

ここに注目！

1 人間らしい生活を営む権利	2 生存権	3 教育を受ける権利	4 勤労の権利と労働基本権
人間らしい生活を営む権利とは何？	生存権とはどのような権利？	教育を受ける権利とは，どのような権利？	勤労の権利と労働基本権は，どのような権利？

？ 社会権とはどのような権利であり，日本国憲法でどのように保障されているのかな？

1 人間らしい生活を営む権利　人間らしい豊かな生活を送るための社会権

人々が人間らしい豊かな生活を送るための権利が社会権である。経済活動の自由が強調された近代は，結果として貧富（ひんぷ）の差の拡大を招いたことで，社会権の考え方が生まれた。

2 生存権　健康で文化的な最低限度の生活を営む権利

社会権で基本となるのが，「健康で文化的な最低限度の生活を営む権利」である生存権である。病気や失業などで生活に困っている人々には，生活保護法に基（もと）づいて，生活に必要な費用が支給される。

3 教育を受ける権利　全ての子どもが学校で学習するための権利

教育を受ける権利は，全ての子どもが学校で学習するための権利である。そのために，憲法は義務教育を無償（むしょう）と定めている。教育の基本的な方針は，教育基本法に定められている。

4 勤労の権利と労働基本権　人々が働くうえでの権利

人々が働いて収入を得て，精神的に充実（じゅうじつ）した生活を送れるように，勤労の権利が保障されている。また，使用者に対して弱い立場にある労働者のために，労働組合を作る団結権のほか，団体交渉（こうしょう）権，団体行動権といった労働基本権が保障されている。

チェック 社会権にはどのような種類があるか，本文からぬき出しましょう。

解答例 「生存権」「教育を受ける権利」「勤労の権利」「労働基本権」「団結権」「団体交渉権」「団体行動権」

トライ 社会権が保障された理由を，自由権（経済活動の自由）との関係から説明しましょう。

解答例 近代に経済活動の自由が強調された結果，貧富の差が拡大し，労働者などの社会的に立場が弱い者が不利益を被ったため，その人権を保障する必要があったから。

みんなでチャレンジ
(1)「健康で文化的〜
(2)挙げたものを〜
(3)グループで〜
(4)「健康で〜

解答例
(1)お金，衣服，家，車，食べ物，食器など，必要だと思うものを挙げる。
(2)「効率」（無駄を省く）と「公正」（一人一人の尊重）の観点で必要なものをまとめる。
(3)（30年前にはなかったもの）→スマートフォン　など
(4)まず，生きるために絶対必要なものを決め，次に，健康で文化的に生きるために最低限必要なものを，無駄がなく，かつ一人一人が尊重されるように決める。

5 人権を確実に保障するための権利

●教科書 p.58～59

ここに注目!

1 参政権
参政権はどのような権利なの？

2 裁判を受ける権利
裁判を受ける権利はどのような権利なの？

3 その他の請求権
国に要求できる請求権は，ほかに何があるの？

？ 私たちの人権保障を確かなものにするために，日本国憲法ではどのような権利が保障されているのかな？

参政権や請求権にはどのような種類があるか，それぞれ本文からぬき出しましょう。

解答例 「選挙権」「被選挙権」「国民投票」「国民審査」「請願権」「裁判を受ける権利」「国家賠償請求権」「刑事補償請求権」

1 参政権　国民が政治に参加する権利

国民が政治に参加する権利が**参政権**である。そのうち，国会議員などを選挙する権利が**選挙権**で，2016年から満18歳以上の全ての国民に認められている。選挙に立候補する**被選挙権**も参政権にふくまれる。憲法改正についての**国民投票**や，最高裁判所裁判官の**国民審査**などのように，国民が直接決定に参加する権利もある。国や地方の機関に要望をする**請願権**も，広い意味での参政権にふくまれる。

2 裁判を受ける権利　裁判所に裁判を行うように求める権利

日本国憲法は，人権を侵害された人々が国に要求できる権利である**請求権**をいくつか定めている。そのうち，裁判所に裁判を行うように求める権利が**裁判を受ける権利**である。裁判所は，裁判を通じて人権保障を実現する重要な役割を果たしている。

3 その他の請求権　国家賠償請求権，刑事補償請求権

国家賠償請求権は，公務員の行為によって受けた損害に対して賠償を求める権利である。**刑事補償請求権**は，事件の犯人として裁判に訴えられた後に無罪になったり，一度有罪となった人がやり直しの裁判で無罪と判断されたりした場合に，国に補償を求める権利である。

トライ

参政権や請求権が人権の保障にとって重要な理由を，「個人の尊重」の観点から説明しましょう。

解答例 ・国の方向性を決める際に国民が政治に参加できないと，国民一人一人の意向を無視した政治が行われてしまうから。また，国の政策によって個人が損害を受けたときに賠償されなければ，国民一人一人のことを考えた政策が行われなくなってしまうから。

中学生が政治に参加するには，ほかにどのような方法があるか，調べましょう。

解答例 ・地域おこしの活動に参加する。
・政治家へのインタビューを行う。
・インターネット上で署名を集めて，それを行政等に届ける。
・中学生議会を設置して，自治体に提言する。など

「公共の福祉」と国民の義務

●教科書 p.60〜61

ここに注目！

1 「公共の福祉」とは	2 人権の制限が許される場合	3 国民の義務
「公共の福祉」とはどのようなこと？	人権はどのようなときに制限を受けるの？	国民はどのような義務を負っているの？

？ 私たちは憲法上，どのような責任と義務を負っているのかな？

1 「公共の福祉」とは

他人の人権を侵害せずに，多くの人々と同じ社会で生きるための，人権の限界と制限

人権には，他人の人権を侵害しない範囲で保障されるという限界がある。また，人権は多くの人々が同じ社会で生活するために制限されることがある。このような人権の限界や制限を，日本国憲法は「公共の福祉」という言葉で表現している。日本国憲法は，社会の秩序を乱すような自由や権利の利用を認めず，国民は，常にこれを公共の福祉のために利用する責任があると定めている。

▼「公共の福祉」による人権の制限の例

表現の自由	・他人の名誉を傷つける行為の禁止（刑法） ・選挙運動の制限（公職選挙法）
集会・結社の自由	・デモの規制（公安条例）
居住・移転の自由	・感染症による入院措置（感染症法）
職業選択の自由	・無資格者の営業禁止（医師法など） ・企業の価格協定（カルテル）などの禁止（独占禁止法）
労働基本権	・公務員のストライキ禁止（国家公務員法，地方公務員法）
財産権の保障	・不備な建築の禁止（建築基準法）

考える

(1)教科書p.60 1 のⒶからⒻの〜

(2)ⒶからⒻのイラストは，〜

解答例

(1)Ⓐ発信者の表現の自由と，書かれた人のプライバシーの権利
Ⓑ国民全体の利益と，公務員の労働基本権
Ⓒ感染者の学問の自由と，周囲の人の居住・移転の自由
Ⓓ国民の職業選択の自由と，国民の生命・健康
Ⓔデモ参加者の集会・結社の自由と，公共の安全
Ⓕ建築者の財産権の保障と住民の環境権

(2)Ⓐ他人の名誉を傷つける行為の禁止
Ⓑ公務員のストライキ禁止
Ⓒ感染症による入院措置
Ⓓ無資格者の営業禁止
Ⓔデモの規制
Ⓕ不備な建築の禁止

2 人権の制限が許される場合

人権の制限が，具体的にどのような社会全体の利益のためであるかを慎重に検討して判断

人権の制限は，具体的にどのような社会全体の利益のためであるか，慎重に検討する必要がある。また，人権が公共の福祉によって制限される程度は，人権の種類によって異なる。自由権の中でも経済活動の自由については，行きすぎると貧富の差が大きい不公平な社会になる

可能性もあるため，公共の福祉による制限が広く認められている。これに対して，精神の自由についてはこのような事情がないため，公共の福祉による制限が認められる例は限定的である。

3 国民の義務　子どもに普通教育を受けさせる義務，勤労の義務，納税の義務

国民は，自分が暮らす社会を支えるための義務を持っている。子どもの教育を受ける権利を保障するために，子どもに普通(ふつう)教育を受けさせる義務が定められている。勤労は，国民の義務(勤労の義務)であると同時に権利でもある。納税については，税金の種類や対象者などを，法律で具体的に定めている(納税の義務)。日本国憲法は国民の人権を保障するための法であるため，義務の規定が少ない。そのため，国は，憲法に違反(いはん)しない範囲でしか，国民に何かを義務付ける法律を制定できない。

チェック 自由や権利の限界や，制限される例を，本文や資料からぬき出しましょう。

解答例 「表現の自由が認められていても，他人の名誉を傷つけるような発言や文章は許されず，法律に基づいて処罰されます。」「他人の名誉を傷つける行為の禁止」「選挙運動の制限」「デモの規制」「感染症による入院措置」「無資格者の営業禁止」「企業の価格協定(カルテル)などの禁止」「公務員のストライキ禁止」「不備な建築の禁止」

トライ 国民の義務と日本国憲法の関係について，次の語句を使い説明しましょう。[人権／国]

解答例 日本国憲法は国民の人権を保障するための法であるため，義務の規定が少ない。そのため，国は，憲法に違反しない範囲でしか，国民に何かを義務付ける法律を制定できない。

みんなでチャレンジ 下の例について，「効率」と「公正」，そして「公共の福祉 」の観点から考えましょう。

> 例　A県は，県道の渋滞(じゅうたい)が多い区間に，バイパス(う回路)を建設する計画を公表しました。計画どおりに建設されれば，渋滞は解消されるため，県道を利用する人々の多くは，バイパスの建設に賛成しています。
> 　しかし，建設予定地には25世帯の住民がおり，一部が建設に反対しています。25世帯のうち20世帯は40年以上この地域に住んでおり，5世帯は建設予定地に自宅だけでなく，農地の一部もふくまれる農家です。

(1)「効率」の見方や考え方は，「無駄(むだ)を省くこと」を意味します。～
(2)A県は，計画に強く反対している建設予定地の一部の住民に対して，～
(3)建設予定地の住民に立ち退いてもらう場合，～
(4)「公共の福祉」によって人権を制限する場合，～

解答例 (1)県道に渋滞の多い区間があること。
(2)(強制的に立ち退きを求められるか)→「求められる」立場と「求められない」立場に分かれて，それぞれ理由・根拠を示しながら意見を出し合う。
　(住民が主張できる権利)→居住・移転の自由，財産権の保障
(3)(必要な補償)→土地や家屋の売値に相当する金額　など
　(配慮すべき住民の事情)→その土地に住む理由・背景，立ち退きに反対する理由・背景，立ち退くことによって受ける不利益，立ち退くまでの準備期間を十分にとること　など
(4)人権を制限する側が，人権を制限される側の不利益を具体的に把握し，その不利益ができる限りなくなるような代替案を示し，おたがいが納得するように話し合いを進めること。

3節 これからの人権保障

☑ 新しい人権が認められてきたのはなぜでしょうか。

1 新しい人権① 産業や科学技術の発展と人権

●教科書 p.62〜63

ここに注目！

1 社会の変化と「新しい人権」	2 環境権	3 科学技術の発展と人権	4 自己決定権
「新しい人権」とは，どのような人権なの？	環境権とは，どのような人権なの？	科学技術の発展が人権にあたえる影響は？	自己決定権とは，どのような人権なの？

？ 産業や科学技術の発展にともなって，どのような課題が生まれ，どのような権利が認められてきたのかな？

1 社会の変化と「新しい人権」 産業や，情報化などの科学技術の発展にともなって主張されるようになった人権

産業や，情報化などの科学技術の発展にともなって，日本国憲法には直接的に規定されていない「新しい人権」が主張されるようになった。「新しい人権」には環境(かんきょう)権や自己決定権，知る権利，プライバシーの権利などがある。

Q 「新しい人権」の根拠は？

A 「新しい人権」は主に，日本国憲法第13条に定められている「生命，自由及(およ)び幸福追求に対する国民の権利」(幸福追求権)に基(もと)づいて主張されている。

見方・考え方　教科書p.62 1 の1960年代と1980年代の写真を比較して，「変化」を読み取りましょう。

解答例　1960年代は工場からの排煙・排水による大気汚染や海の汚れが見られるが，1980年代には，空気も海もきれいになっている。

2 環境権 住みやすい環境を求める権利

高度経済成長の時期には，経済の発展が優先された結果，水俣(みなまた)病をはじめ，深刻な公害が発生した。そこで，住みやすい環境を求める権利である環境権が主張されるようになった。住居への日当たりを求める日照権も環境権の一つである。現在は，環境保全のための，国や地方などの責務を定めた環境基本法が制定されている。また，大規模な開発の前に環境への影響(えいきょう)を調査する環境アセスメント(環境影響評価)も義務付けられている。

見方・考え方　教科書p.62 2 のマンションが，側面を階段状にしている理由を「個人の尊重」の観点から考えましょう。

解答例　マンションの周りの住宅が，日が当たらないことによる不利益を受けないようにするため。

3 科学技術の発展と人権　生命と人権との間に難しい課題が生じる。

近年の遺伝子技術などの科学技術の発展によって，生命と人権との間に難しい課題が生まれている。例えば，遺伝子技術は，難病の治療などに役立つことが期待されるが，生命の根幹に関わるため，学問の自由だけに任せてよいか議論が続いている。

4 自己決定権　自分の生き方や生活の仕方について自由に決定する権利

人間が，自分の生き方や生活の仕方について自由に決定する権利を自己決定権といい，社会の発展にともなって人々の生き方が多様化する中で，主張されるようになってきた。医療の分野において，患者が治療方法などを自分で決定できるように，手術の方法などを十分に説明して同意を得る，インフォームド・コンセントや，延命治療をしない選択をして死に至る尊厳死や，不治の病気でたえがたい苦痛を感じている人が，医師の力を借りて死を選ぶ安楽死が，自己決定権として主張されている。しかし，こうした主張に対しては，生命の軽視につながるとして反対する意見もある。

▼臓器提供意思表示カード

臓器移植に関する，死後の臓器提供の意思を示すカードで，自己決定権を尊重するものの一つです。

見方・考え方

(1)尊厳死を認める法律を定めることの是非について，「個人の尊重」の観点から考えましょう。

(2)(1)について，賛成か反対かの立場を明らかにしながら，グループで話し合いましょう。

解答例　(1)「かけがえのない命」を終わらせることに人の意思がかかわることは決して許されない。したがって尊厳死を認める法律は認められない。

(2)教科書p.63「公民にアクセス」の，「法律制定に賛成の立場」「法律制定に反対の立場」を参考に，賛成か反対の立場を明らかにしながら，グループで話し合う。

チェック　環境権や自己決定権を，「新しい人権」とよぶ理由を，次の語句を使って説明しましょう。[憲法]

解答例　環境権や自己決定権などは，もともと日本国憲法に直接的に規定されておらず，社会の発展にともなって主張されてきた権利だから。

トライ　新しい人権から一つ選び，その権利がどのような「対立」を解消するためのものか説明しましょう。

解答例　・(環境権)「経済活動の自由」と「住みやすい環境を求める権利」の対立を解消するため。

・(自己決定権)「生命の尊重」と「自分で自己の生き方を決める権利」の対立を解消するため。

2 新しい人権② 情報化の進展と人権

●教科書 p.64〜65

ここに注目！

1 知る権利
知る権利とは，どのような人権なの？

2 プライバシーの権利
プライバシーの権利とは，どのような人権なの？

3 インターネットと人権
インターネットは人権にどのような影響をあたえるの？

？ 情報化の進展にともなって，どのような課題が生まれ，どのような権利が認められてきたのかな？

1 知る権利 国や地方に集まっている情報を手に入れる権利

国や地方に集まっている情報を手に入れる権利として「**知る権利**」が認められている。国や地方には**情報公開制度**が設けられ，請求に応じて情報を開示している。情報公開制度は，政治の透明性を高め，公正な政治の実現に役立っている。また，新聞やテレビなどの**マスメディア**は知る権利を支えている。

▼国の情報公開制度

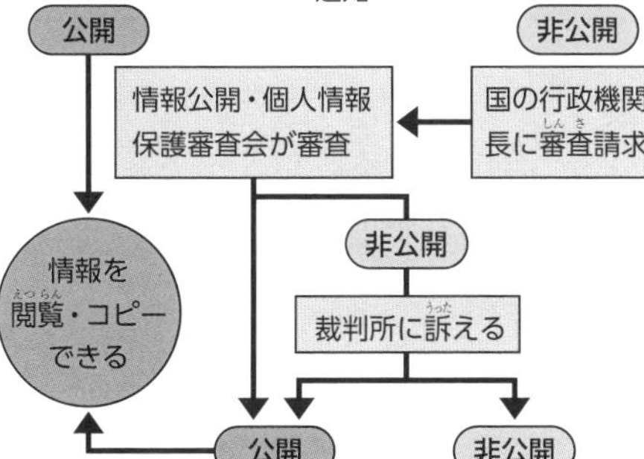

2 プライバシーの権利 私生活に関する情報を公開されない権利

個人の私生活に関する情報を公開されない「**プライバシーの権利**」が認められてきている。自分の顔などを勝手に撮影されたり，その写真や映像を公表されたりしないという肖像権も，その一つである。国や地方，民間の情報管理者に個人情報の厳重な管理を義務付ける**個人情報保護制度**が設けられている。

3 インターネットと人権 違法な情報の流出，著作権が十分に保護されないなどの問題が生じている。

近年では，インターネットの発達によって，だれもが簡単に情報を発信できるようになった。また，国や地方に集まる情報を手に入れることも簡単になり，知る権利の保障に役立っている。一方，インター

考える 教科書p.64 3 で増えている項目を読み取り，なぜ増えているのか，考えましょう。

解答例 名誉き損とプライバシーの侵害が増えている。インターネットでは自分の名前を明かさずに情報を発信できるため，無責任な表現になりやすくなるのではないか。

見方・考え方 社会の安全のために使われる防犯カメラの設置に賛成か反対か，プライバシーの権利という「個人の尊重」の観点をふまえて考えましょう。

解答例 （賛成）犯罪者を捕まえるためなので，自分が防犯カメラに写ることはかまわない。
（反対）写る人に許可なく設置されている防犯カメラは，肖像権を侵害しているため，認められない。

チェック 情報化の進展にともなって認められた権利を，本文からぬき出しましょう。

解答例 「知る権利」「プライバシーの権利」「肖像権」「著作権」

ネットでは，プライバシーの権利などを侵害する違法な情報の流出，他人の名誉を傷つける表現，元の情報の提供者が持つ著作権が十分に保護されないなどの問題が生じている。

▼インターネットでの人権侵害事件の件数の推移

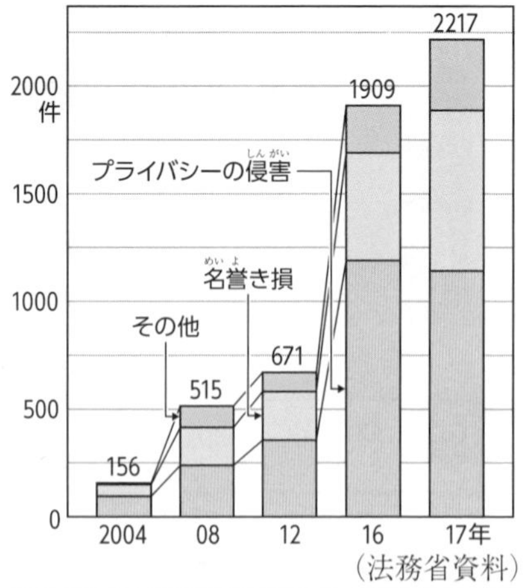

（法務省資料）

Q 「知的財産権」とは？

A 著作物（文章や写真，映像，音楽など）に関する権利である著作権や，商標（商品名など），特許，意匠（デザイン）などに関する権利。情報化が進む中で，アイディアを盗用するなどの権利侵害が増えており，知的財産権の重要性は増している。

みんなでチャレンジ 下の例を読んで，「個人の尊重」の観点から，プライバシーの権利と表現の自由（日本国憲法第21条）との関係について考えましょう。

例 有名タレントAの私生活の情報を掲載した本が出版されることになりました。Aは「プライバシーの権利の侵害である」として，本の出版の差し止めを裁判所に求めました。これに対して出版社は，「本の出版は表現の自由である」と反論しました。

Aに関する情報 名前，血液型，星座，本人の顔写真，Aの家族の顔写真，Aが飼っている犬の写真，自宅の住所，メールアドレス，出身学校名，Aがよく行く店の名前，Aの友達の名前，自宅の電話番号

(1)「Aに関する情報」のうち，本に掲載しても許されるのはどれか，～
(2)(1)について，グループの中で意見交換をしましょう。～
(3)情報を掲載される人物が，有名タレントのAではなく，～
(4)プライバシーの権利よりも表現の自由が優先される場合について，～

解答例 (1)名前，血液型，星座，本人の顔写真，Aが飼っている犬の写真，出身学校名
(2)「Aがよく行く店の名前」は，そのお店の利益になるから本に掲載してもよい，「出身学校名」は，学校に迷惑がかかるから本に掲載すべきではないなど，理由・根拠を示しながら意見を交わす。
(本に掲載しても許される情報と許されない情報のちがい)掲載されることによって，傷つく人や不利益を受ける人の有無。
(3)「一般人の場合は，有名タレントとは知名度や職業が異なるので，掲載しても許される情報と許されない情報は変わる。」「一般人も有名タレントも同じ人権が保障されるので，掲載しても許される情報と許されない情報は変わらない。」など，理由・根拠を示しながらグループで話し合う。
(4)「内閣総理大臣の日常の行動を報道する」など，具体例を挙げる。

トライ インターネットの発達の人権上の利点と課題について，次の語句を使って説明しましょう。[情報]

解答例 インターネットの発達によって，さまざまな情報を簡単に手に入れられるようになり，「知る権利」が支えられている。一方，個人情報が本人の許可なく流出したり，悪用されたりすることも簡単にできるため，「プライバシーの権利」「肖像権」「著作権」が侵害されやすくなり，これらの人権をどのように保護していくかという課題がある。

3 グローバル社会と人権

●教科書 p.66～67

ここに注目！

1 発展途上国の社会的弱者
発展途上国では，特にだれの人権が保障されるべきなの？

2 人権保障の国際的な広がり
人権保障は国際的にどのように広がってきたの？

3 グローバル社会における人権保障
グローバル化が進んだ社会における人権保障では，何が必要なの？

？ 国際社会にはどのような人権上の課題があり，解決に向けてどのような取り組みがなされてきたのかな？

1 発展途上国の社会的弱者　貧困のために学校に通えない子どもたちなど

人権の保障が特に重要なのは，社会の中で弱い立場に置かれている人々である。貧困が理由で学校に通えない発展途上国の子どもたちや，性別による偏見から学校に通うことが許されない女性が多くいる。全ての子どもたちが教育を受ける権利を保障することが求められる。

2 人権保障の国際的な広がり　世界人権宣言以降，多くの条約が結ばれている。

人権は，全ての人間が生まれながらにして持つ権利であり，世界共通で保障されるべきである。そこで，国際連合が中心となって，1948年に世界人権宣言が採択され，各国の人権保障の模範になっている。

▼主な人権に関する条約

条約名	採択	日本の批准
人種差別撤廃条約	1965年	1995年
国際人権規約	1966年	1979年
女子差別撤廃条約	1979年	1985年
拷問等禁止条約	1984年	1999年
子ども(児童)の権利条約	1989年	1994年
死刑廃止条約	1989年	未批准
障害者権利条約	2006年	2014年

3 グローバル社会における人権保障　国際社会全体で人権保障実現の努力が必要である。

国際的にNGO(非政府組織)も活躍している。グローバル化が進んだ近年では，さまざまな社会問題が地球規模で起こっており，解決には国際的な協力が重要である。国際社会全体で人権保障実現の努力が必要である。

チェック 人権保障のためのさまざまな条約を，本文や資料からぬき出しましょう。

解答例 「国際人権規約」「人種差別撤廃条約」「女子差別撤廃条約」「障害者権利条約」「拷問等禁止条約」「子ども(児童)の権利条約」「死刑廃止条約」「障害者権利条約」

トライ 人権上の課題の解決に取り組む組織と，それぞれが担っている役割を説明しましょう。

解答例 ・(組織)「国境なき医師団」→(役割)紛争地域や被災地に医師などを派遣して，現地の人々が日常的に医療を受けられるようにしている。 など

探究のステップ　探究のステップの問いを解決しよう

●教科書 p.68

問い	解答
1節　憲法が大切にされてきたのはなぜでしょうか。	カード１：(あってはいけないちがい)→(理由１)国王一人による支配は，国民の人権を侵害する危険性が高いから。(理由２)国民が選んだ代表が物事を決めるのは民主主義であるから。 カード８：(あってよいちがい)→(理由１)だれでもレストランで食事ができる権利があるから。(理由２)介助犬は専門的に訓練されていて，引率者と一体の関係にあるから。 「憲法が大切にされてきたのは，政治権力の集中を防いで民主主義を守るとともに，個人を尊重して一人一人の人権を保障してきたから。」
2節　日本国憲法では，なぜ人権を保障することが大切なのでしょうか。	カード２：(あってよいちがい)→(日本国憲法によって信教の自由が守られる。) カード５：(あってはいけないちがい)→(日本国憲法によって法の下の平等が守られる。)
3節　新しい人権が認められてきたのはなぜでしょうか。	カード６，カード９ 〈日本国憲法制定時の社会〉「メディアは新聞やラジオに限られていた。」「高層ビルを建築する技術がなかった。」 〈起こった社会の変化〉「情報化社会の進展」「建築技術の高度化」 〈認められた新しい人権〉「プライバシーの権利」「環境権」

基礎・基本のまとめ　第２章の学習をふり返ろう

●教科書 p.69

1 ❶**法の支配**：政治権力は最高の法である憲法に従う必要があり，憲法に違反する法律などは効力を持たないという考え方であり，これによって人権を保障する。

❷**日本国憲法**：太平洋戦争後，日本を占領したGHQの草案に基づき，国民主権，基本的人権の尊重，平和主義を基本原理として制定された日本の憲法。1946年11月３日に公布，1947年５月３日に施行された。

❸**国民主権**：主権を持つ者(主権者)は国民であるという考え方。

❹**平和主義**：戦争を放棄して世界の平和のために努力するという考え方。

❺**基本的人権(の尊重)**：人は自由に人間らしく生きていけるための基本的人権を持ち，保障されていること。「個人の尊重」と「法の下の平等」にも深く関わっている。

❻**個人の尊重**：一人一人の個性が尊重され，かけがえのない個人としてあつかわれること。

❼**法の下の平等(平等権)**：全ての人間は平等な存在であり，平等なあつかいを受けるという権利。特に「生まれ」による差別は，決して許されない。

❽**自由権**：自由に物事を考え，行動することが保障されている権利。精神の自由，身体の自由，経済活動の自由がある。

❾**精神の自由**：自由に考え，自分の意見を発表すること。思想・良心の自由，信教の自由，集会・結社・表現の自由，学問の自由がある。

❿**身体の自由**：正当な理由もなくとらえられたり，罪を犯していないのに刑罰を受けたりすることは許されない。

⓫**経済活動の自由**：得た財産を自由に使えることが保障されている。職業選択の自由，財産権の保障，居住・移転の自由などがある。

⓬**社会権**：人間らしい豊かな生活を送れるようにするために保障されている権利。

⓭**生存権**：健康で文化的な最低限度の生活を営む権利。病気や失業などで生活に困っている人々には，生活保護法に基づいて，生活に必

要な費用が支給される。

⑭**教育を受ける権利**：全ての子どもが学校で学習するための権利。

⑮**勤労の権利**：人々が働いて収入を得て，精神的に充実(じゅうじつ)した生活を送れるようにするために保障されている権利。

⑯**労働基本権**：使用者に対して弱い立場にある労働者のために，労働組合を作る団結権，労働組合が使用者側と労働条件について交渉(こうしょう)する団体交渉権，要求を実現するためにストライキなどを行う団体行動権の三つの権利。

⑰**参政権**：国民が政治に参加する権利。

⑱**選挙権**：国会議員などを選挙する権利。

⑲**被(ひ)選挙権**：選挙に立候補する権利。

⑳**裁判を受ける権利**：裁判所に裁判を行うように求める権利。

㉑**公共の福祉(ふくし)**：他人の人権を侵害せずに，多くの人々と同じ社会で生きることによる，人権の限界と制限。日本国憲法は，社会の秩序(ちつじょ)を乱すような自由や権利の利用を認めず，国民は，常にこれを公共の福祉のために利用する責任がある。

㉒**普通(ふつう)教育を受けさせる義務**：子どもを小学校・中学校に就学させる義務。子どもの教育を受ける権利を保障するために定められた。

㉓**勤労の義務**：勤労の権利とともに義務が定められているが，労働の尊さを示した規定であり，労働を強制したものではない。

㉔**納税の義務**：国民が国を支えるうえで税の負担は不可欠であるが，税負担の公平性を保つために規定した。

㉕**環境(かんきょう)権**：住みやすい環境を求める権利。住居への日当たりを求める日照権も環境権の一つである。現在は，環境保全のための国などの責務を定めた環境基本法が制定されている。

㉖**自己決定権**：自分の生き方や生活の仕方について自由に決定する権利。尊厳死や安楽死が自己決定権として主張されているが，生命の軽視につながるとして反対する意見もある。

㉗**プライバシーの権利**：私生活に関する情報を公開されない権利。国や地方，民間の情報管理者に個人情報の厳重な管理を義務付ける個人情報保護制度が設けられている。

㉘**世界人権宣言**：1948年に，国際連合が中心となって，人権および自由を尊重し確保するために，「全ての人民と全ての国とが達成すべき共通の基準」を宣言したもの。各国の人権保障の模範(もはん)になっている。

2　ア　世界人権宣言　イ　日本国憲法
ウ　基本的人権の尊重　エ　平和主義
オ　国民主権　カ　法の支配　キ　環境権
ク　自己決定権　ケ　プライバシーの権利
コ　自由権　サ　精神の自由
シ　身体の自由　ス　経済活動の自由
セ　社会権　ソ　生存権
タ　教育を受ける権利　チ　勤労の権利
ツ　労働基本権　テ　参政権　ト　選挙権
ナ　被選挙権　ニ　裁判を受ける権利
ヌ　法の下の平等(平等権)
ネ　個人の尊重　ノ　公共の福祉
ハ　普通教育を受けさせる義務
ヒ　勤労の義務　フ　納税の義務
＊キ，ク／チ，ツ／ハ～フ順不同

まとめの活動　ちがいのちがいを追究しよう

●教科書 p.70～71

(1)選んだカード～／(2)(1)の主張を支える理由や～／(3)(2)で考察した内容を～／(4)グループで～

解答例　(1)(2)(3)教科書p.71のりこさんの考察の例を参考にしながら，自分の考えをまとめる。　(4)(省略)

第2章　個人の尊重と日本国憲法

解法のポイント! 定期テスト完全攻略！

1　次の資料①～④は，それぞれフランス，イギリス，ドイツ，日本のいずれかで発せられた文書の一部である。これを読んであとの問いに答えなさい。

① 第11条　この憲法が国民に保障する(　　)は，侵すことのできない永久の権利として，現在及び将来の国民に与へられる。
② 第１条　人は生まれながらに，(　　)な権利を持つ。
③ 第１条　(　　)なしに，国王の権限によって法律とその効力を停止することは違法である。
④ 第151条　経済生活の秩序は，全ての人に(　　)を保障することを目指す，正義の諸原則にかなうものでなければならない。

問１　①～④の文書の空欄にあてはまる語句を語群Ａから，文書の名称を語群Ｂから一つずつ選び，記号で答えなさい。

語群Ａ〔ア　自由で平等　イ　人間に値する生存　ウ　議会の同意　エ　基本的人権〕
語群Ｂ〔a　ワイマール憲法　b　日本国憲法　c　フランス人権宣言　d　権利章典〕

① 語群Ａ(　　)　語群Ｂ(　　)　② 語群Ａ(　　)　語群Ｂ(　　)
③ 語群Ａ(　　)　語群Ｂ(　　)　④ 語群Ａ(　　)　語群Ｂ(　　)

問２　資料①～④を時代順に並べ，番号で答えなさい。　(　→　→　→　)

2　次の問いに答えなさい。

人の支配
君主
政治権力
国民
法の支配
法
制限
政府
政治権力
国民
法を制定

問１　次の文中の空欄Ａ～Ｄにあてはまる語句を，右の図中の用語を用いて，書きなさい。

(　Ａ　)の考えは近代以前の君主が行う(　Ｂ　)を排し，国家権力を(　Ｃ　)に従わせることを目的とする。(　Ｄ　)が政治の在り方を最終的に決めるという民主政治は，(　Ａ　)の下で行われる。

Ａ(　　)　Ｂ(　　)　Ｃ(　　)　Ｄ(　　)

問２　日本国憲法とその前の日本で初めて人権を定めた憲法とを比較した，右の表の空欄ア～エにあてはまる語句を書きなさい。

(　ア　)憲法		日本国憲法
(　イ　)主権	主権	国民主権
統治権を持つ元首	天皇	日本国・日本国民統合の象徴
「(　ウ　)」(法律により制限)	人権	(　エ　)の尊重

ア(　　)　イ(　　)　ウ(　　)　エ(　　)

❶ 解答

問1　①エ，b
　　②ア，c
　　③ウ，d
　　④イ，a
問2　③→②→④→①

ココがポイント！

問1・2　資料名とキーワードは，資料①日本国憲法(1946年)，基本的人権，②フランス人権宣言(1789年)，自由で平等，③イギリスの権利章典(1689年)，議会の同意，④ドイツのワイマール憲法(1919年)，人間に値する生存。人権の考えはイギリスで芽生え，18～19世紀の自由権から20世紀の社会権へと発展した。それぞれの宣言や憲法の背景にあった出来事とも関連付けて整理しておきたい。

❷ 解答

問1　A：法の支配
　　B：人の支配
　　C：法　　D：国民
問2　ア：大日本帝国
　　イ：天皇
　　ウ：臣民ノ権利
　　エ：基本的人権

ココがポイント！

問1　法の支配とは，国民自らが法を制定し，法によって国家権力を制限し，国民の人権を守っていくことである。
問2　大日本帝国憲法では，主権者は天皇であるところが日本国憲法と根本的に異なる点である。基本的人権の保障でも，天皇からあたえられ，法律によって制限できる「臣民(しんみん)ノ権利」であった。

❸ 次の資料を読んで，あとの問いに答えなさい。

憲法第96条① この憲法の改正は，各議院の総議員の（ A ）の賛成で，国会が，これを発議し，国民に提案してその承認を経なければならない。この承認には，特別の$_a$国民投票又は国会の定める選挙の際行はれる投票において，その（ B ）の賛成を必要とする。

② 憲法改正について前項の承認を経たときは，$_b$天皇は，国民の名で，…これを公布する。

問1 資料中の空欄A，Bにあてはまる語句を，次のア～エから一つずつ選び，記号で答えなさい。 A（ ） B（ ）

ア 3分の1以上　イ 3分の2以上　ウ 過半数　エ 4分の3以上

問2 資料中の下線部aについて，2014年の国民投票法の改正により，満20歳以上であった憲法改正案の投票年齢は，2016年，満何歳以上とすることに改められたか，書きなさい。 （ ）以上

問3 資料中の下線部bについて，天皇の国事行為でないものを次のア～エから一つ選び，記号で答えなさい。 （ ）

ア 国際親善のために外国を訪問する　イ 勲章などを授ける
ウ 内閣総理大臣を任命する　エ 国会を召集する

❹ 次の問いに答えなさい。

女性の年齢別の働いている割合

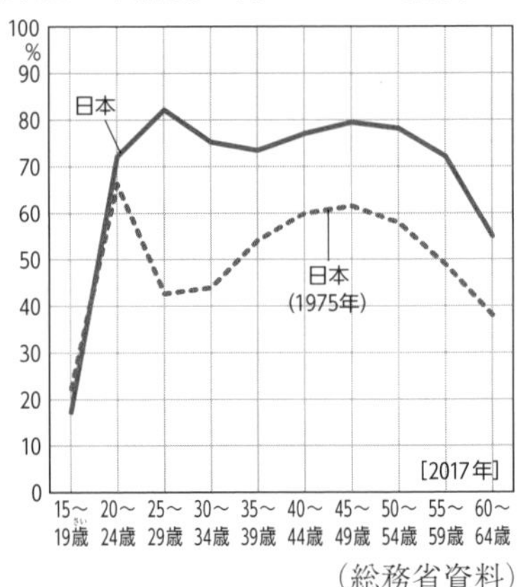

（総務省資料）

問1 右のグラフから読み取れる二つの特徴について述べた次の文中の空欄にあてはまる語句を書きなさい。

① 2017年では，1975年に比べると，全体に女性が働いている割合が（ A ）なっている。この背景の一つには，1985年に（ B ）法が制定されるなど，女性が働きやすい環境づくりが進んだことがあった。

② 1975年では20歳代後半から30歳代前半にかけての女性，2017年では30歳代の女性の働いている割合が特に（ C ）なっている。その背景の一つとして，出産や（ D ）のために，この時期に，仕事を一時的にやめる女性が多いことが挙げられる。

A（ ） B（ ） C（ ） D（ ）

問2 障がいのある人や高齢者などが，社会の中で安全・快適に暮らせるよう，身体的，精神的，社会的な障壁を取り除こうという考え方と関わりの深い言葉を，次のア～ウから一つ選び，記号で答えなさい。 （ ）

ア ユニバーサルデザイン　イ バリアフリー　ウ インクルージョン

❸ 解答

問1　A：イ
　　　B：ウ
問2　満18歳
問3　ア

ココがポイント！

問1　憲法改正までの手続きは，改正原案の国会提出→各議院の総議員の3分の2以上の賛成(A)で可決→国民投票→有効投票の過半数の賛成(B)で憲法改正，となっている。

問2　憲法改正についての具体的手続きを定めたのが，2007年制定の国民投票法で，投票年齢は満20歳以上と定められた。その後の改正で満18歳以上に引き下げられた。

問3　日本国憲法下の天皇は，憲法第6条，第7条に定められた国事行為のみを行う。

❹ 解答

問1　①A：高く
　　　　B：男女雇用機会均等
　　　②C：低く
　　　　D：育児
問2　イ

ココがポイント！

問1　①女性が働いている割合が高くなった背景の一つに，雇用(こよう)における男女平等を進める法律として，男女雇用機会均等法が制定された(1985年)ことが挙げられる。②ドイツやスウェーデンなどと比べると，出産・育児期に仕事を続ける女性の割合が低くなっているのが，日本の特徴(とくちょう)である。しかし，近年の日本では，グラフのM字カーブが次第にゆるやかになって，この時期にも仕事を続ける女性が増加していることが読み取れる。

問2　「ユニバーサルデザイン」は，初めから性別や年齢(ねんれい)，障がいの有無(うむ)，文化や言葉のちがいに配慮(はいりょ)して，だれでも利用できる製品や建物，環境(かんきょう)などを提供するという考え方。「インクルージョン」は，障がいがあっても，障がいがない人と同じように，教育や就職の面などで不自由なく生活できるようにしていこうとする考え方。

❺ 次の問いに答えなさい。

問1　次のア～エは，日本国憲法に定められている自由権，社会権，人権を保障するための権利のいずれかに関する記述である。ア～エの文のうち，正しいものには○，誤っているものには×と答えなさい。

ア　国が，本や雑誌の発行前に内容を検閲(けんえつ)することは禁止されている。（　　）

イ　裁判を受ける権利とは，裁判所に裁判を求める権利である。（　　）

ウ　生存権の保障の対象は，失業で生活に困っている人だけである。（　　）

エ　国会議員の選挙で，国外にいる日本人は投票することができない。（　　）

問2　ある人の人権と別の人の人権が対立した場合に，たがいの権利を調整するための原理を，日本国憲法では何というか，書きなさい。（　　　　）

問3　「他人の名誉(めいよ)を傷つける行為(こうい)の禁止」「選挙運動の制限」は精神の自由が法律で制限されている例である。制限されている共通の人権は精神の自由のうちの何の自由か，書きなさい。（　　　　）

問4　次のA～Dと関係の深い事柄(ことがら)を，あとのア～エから一つずつ選び，記号で答えなさい。

A　臓器移植法にのっとって，臓器提供意思表示カードが発行されている。（　　）

B　公的機関に加えて民間事業者にも個人情報保護義務が課されている。（　　）

C　国は情報公開法により情報公開制度を設けている。（　　）

D　大規模開発事業の事前の環境(かんきょう)アセスメントが義務付けられている。（　　）

問5　次の文の空欄(くうらん)に入る共通の語句を書きなさい。

1948年に国際連合の総会で採択(さいたく)され，世界各国の人権保障の標準を示したものであるが，法的拘束(こうそく)力は持たない取り決めを，（　　　　）という。1966年の国際人権規約は，この（　　　　）を条約化し，締約(ていやく)国に対して拘束力を持たせたものである。

❺ 解答

問1　ア：○
　　　イ：○
　　　ウ：×
　　　エ：×
問2　公共の福祉
問3　表現の自由
問4　A：イ
　　　B：エ
　　　C：ア
　　　D：ウ
問5　世界人権宣言

ココがポイント！

問1　アは自由権のうちの精神の自由である。大日本帝国憲法下の「臣民（しんみん）ノ権利」と対比して理解する。イは人権を保障するための権利で，そのために裁判所は重要な役割を果たしている。ウ，エは誤り。失業以外でも「人間に値する生活」が困難になる場合はあり，国会議員選挙の在外日本人の投票権は，現在は保障されている。

問2　「公共の福祉」による人権の制限は，ほかの人の人権を損なう場合と社会全体の利益を理由とする場合がある。

問3　ほかの人の名誉を傷つける言動や，時間もかまわず選挙カーで連呼して回る行為（こうい）などは法律で禁止されている。

問4　新しい人権は，提唱されるようになった背景から，産業や科学技術の発展にともなって生まれた自己決定権，環境権と，情報化の進展にともなって生まれたプライバシーの権利，知る権利とに分けて整理することができる。

導入の活動　だれを市長に選ぶ？

●教科書 p.76～77

みんなで チャレンジ

(1)もしあなたがＳ市の市民だとしたら，市長選挙でだれに投票するでしょうか。教科書p.77の資料１から３と，市民の声を参考にしながら，自分の考えをまとめましょう。

(2)その候補者に投票する理由について，グループで話し合い，教科書p.76の表（マトリックス）を使って整理しましょう。

(3)他のグループもふくめて，同じ候補者に投票する人たちで新しくグループを作り，その候補者に投票する理由について話し合いましょう。その際，次の観点を参考にしましょう。
「効率」（予算を無駄（むだ）なく使って市民の満足度を高める）の観点。
「公正」（市民のさまざまな利害に配慮（はいりょ）すること）の観点。

(4)クラス全体で，各グループの理由を発表し合いましょう。また，他の候補者に投票するグループへの反対意見があれば，あわせて発表しましょう。

解答例

(1)(2)（下表参照）

	利点	問題点
Ａ候補	・総合公園は，運動ができて，緑も豊かになる。 ・災害時の周辺住民の避難場所にもなる。 ・他の施設に比べて建設費用が少ない。	・総合公園の周辺の住民しか恩恵を受けない。 ・市民へのアンケートでは，総合公園建設の要望は最も少ない。
Ｂ候補	・新しいごみ処理施設は，環境にもよく，エネルギーの有効利用もできる。 ・年間の維持費が削減できる。	・建設費用が高い。 ・エネルギーの有効利用が具体的にどのようにされるのかが不明である。
Ｃ候補	・テーマパークが造られることで，Ｓ市の住民の雇用が多くなる。 ・家族で楽しめる娯楽施設ができる。	・建設費用が高い。 ・市外の人が集まるようなテーマパークになるのか不明である。
Ｄ候補	・総合福祉センターができることで，世代間の交流が活発になり，高齢者や子育てをする人が暮らしやすくなる。 ・市民のアンケートで，総合福祉センター建設の要望が最も多い。	・建設費用が高い。 ・経済的な負担を現役世代が負う場合に，負担者に対する優遇措置があるか不明である。 ・高齢者や子育てをする人がどのように暮らしやすくなるのかが不明である。

(3)(4)（省略）

探究のステップ　気付いたことを出し合おう

平和な社会を築くために，私たちはどのように政治に関わるべきでしょうか。

１節 ☑ 民主政治では，なぜ政治に参加することが重要なのでしょうか。

２節 ☑ 国の政治では，なぜ権力の分立が必要なのでしょうか。

３節 ☑ 人々の声を政治に生かすために，私たちに何ができるでしょうか。

1節 現代の民主政治

☑ 民主政治では，なぜ政治に参加することが重要なのでしょうか。

1 政治と民主主義

●教科書 p.78～79

ここに注目！

1 政治とは	2 民主主義とは	3 多数決と少数意見の尊重
政治とは何？	民主主義とは何？	民主主義における話し合いの仕方はどのようなもの？

？ 民主主義とはどのような考え方であり，なぜ民主主義に基づく政治が必要とされるのかな？

1 政治とは　対立を公共の課題として考え，調整して社会を成り立たせていくこと

人々の間に生まれる対立を，みんなに関わる公共の課題として考え，調整して社会を成り立たせていくことを政治という。一般には，国や地方公共団体の運営を指す。

2 民主主義とは　国民またはその代表者が権力を行使し，国民全体のために政治を行うこと

一人または少数の人が権力者になって，政治を行う方法もあるが，人類の歴史では，一人または少数の権力者が，みんなの利益ではなく，自分たちの欲望を満たすためだけに政治を行った例が，しばしば見られた。現在多くの国では，国民または国民によって選ばれた代表者が権力を行使し，国民全体のために政治を行う民主主義(民主政治)が採られている。

民主主義には，みんなが話し合いに参加できることや意見を自由に述べることが，平等に認められていることが必要である。そのためには，自由権や平等権などの，基本的人権の尊重が欠かせない。

Q「権力」とは？

A 政治を行うために，異なる意見を持つ人々もふくめて，決まったことにみんなを従わせる力を権力といい，これを持つ人を権力者とよぶ。

考える

教科書p.78の1と2を見て，権力をにぎっているのはだれか，考えましょう。

解答例 1貴族，僧 2国民，大統領，議員

見方・考え方 教科書p.78の3のイラストを比較して，王政と民主政との，政治の仕組みのちがいをとらえ，「民主主義」とは何か，考えましょう。

解答例 王政では，国王が代表者で，国民は選ばない。民主政では，代表者は国民から選ばれ，交代もある。民主主義は国民が主体となって政治を行う。

チェック 民主政治では，どのような仕組みで物事を決定しているか，本文からぬき出しましょう。

解答例 「直接民主制」「間接民主制」「議会制民主主義」「多数決の原理」

3 多数決と少数意見の尊重

民主主義で広く行われる多数決では，少数意見の尊重が必要である。

民主主義には，人々が直接話し合いに参加する直接民主制と，代表者が集まって議会を作り，物事を話し合って決める間接民主制(議会制民主主義)がある。また，話し合っても意見がまとまらない場合，多数の意見を採用する多数決の原理が広く使われているが，このとき，少数意見の尊重が必要である。

民主主義では，私たち一人一人が政治の主役であり，政治に積極的に参加することが求められている。

トライ 民主政治で物事を決める際に必要とされることや，私たちに求められていることを説明しましょう。

解答例 物事を決める際には，全員が話し合いに参加して，全員が一致することが必要であるが，全員が一致することは難しいため，多数決で決めることが多い。多数決の場合は，少数意見を尊重し，しっかり理解することが求められる。

みんなでチャレンジ ある5人組アイドルグループが，次の新曲でセンターを務める人を，ファンの投票で決めるというイベントを行いました。投票の当日，会場には5万人のファンが集まり，一人一票を投票しました。

集計結果

Aさん	18365票
Bさん	12280票
Cさん	9705票
Dさん	5690票
Eさん	3960票

→ 得票数が過半数に達しない場合は上位の2名で改めて決選投票を行い，多数決で決めるというルールがありました。そこで，ファンはもう一度投票しました。 →

集計結果(決選投票)

Aさん	23950票
Bさん	26050票

(1)この決め方は正しい方法といえるでしょうか，それともいえないでしょうか。「効率」と「公正」の観点から理由も考え，グループで話し合いましょう。
(2)このような多数決の方法以外に，もっと良い方法はないか，グループで話し合いましょう。

解答例 (1)(正しい方法といえる)→(理由)過半数の票を得るまで投票を行うのは公正であるから。また，2回投票を行うことで少数意見を尊重することになるから。
(正しい方法といえない)→(理由)最も多い票を得た人がセンターになれないのは公正でないから。また，2回投票を行うのは時間がかかり，無駄があるから。
(2)「1回の投票で，最も多い票を得た人がセンターを務める。」「5人が立つ位置に①～⑤の番号を付け，ファンには5人の位置を決める投票をしてもらい(Aさんは①の位置，Bさんは③の位置，というように)，それぞれの位置で最も多く票を得た人が，その位置に決まるようにする。」 など，「効率」と「公正」の観点から方法を話し合う。

●教科書 p.80～81

2 選挙の意義と仕組み

ここに注目！

1 政治参加としての選挙
選挙はなぜ重要なの？

2 選挙の基本原則
選挙にはどのような原則があるの？

3 日本の選挙制度
日本の選挙ではどのような制度が採られているの？

？ 選挙はなぜ大切なのかな？

1 政治参加としての選挙　民主主義を効果があるものにするため。

民主主義を効果があるものにするためには，積極的な政治参加が必要であり，なかでも重要なのが選挙である。日本での選挙の方法は，公職選挙法で定められている。

▼有権者数の推移

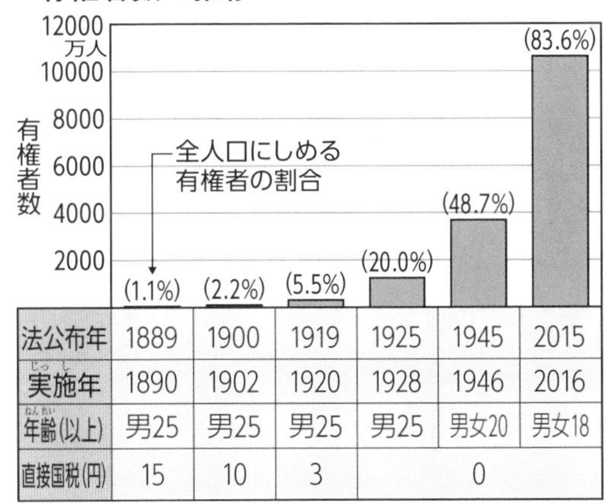

法公布年	1889	1900	1919	1925	1945	2015
実施年	1890	1902	1920	1928	1946	2016
年齢(以上)	男25	男25	男25	男25	男女20	男女18
直接国税(円)	15	10	3	0		

（総務省資料）

読み取る 教科書p.80 1 と 2 の資料を比較して，現在の選挙とどのようなちがいがあるか，気付いた点を挙げましょう。

解答例 昔は，警察官に監視されながら投票が行われていた。
など

2 選挙の基本原則　普通選挙，平等選挙，直接選挙，秘密選挙

一定の年齢以上の全ての国民が選挙権を持つという原則を普通選挙という。日本の選挙権年齢は，公職選挙法の改正により，2016年に，満20歳以上から満18歳以上に引き下げられた。現在の選挙は，普通選挙のほか，一人一票の平等選挙，代表を直接選出する直接選挙，どの政党や候補者に投票したかを他人に知られないようにする秘密選挙の4原則の下で行われている。

チェック 現在の日本で行われている選挙の基本原則を，本文からぬき出しましょう。

解答例 「一定の年齢以上の全ての国民が選挙権を持つ普通選挙」「一人一票の平等選挙」「代表を直接選ぶ直接選挙」「どの政党や候補者に投票したかを他人に知られないように無記名で投票する秘密選挙」

3 日本の選挙制度

衆議院は，小選挙区比例代表並立制
参議院は，選挙区制と比例代表制

選挙制度には，一つの選挙区で一人の代表を選ぶ**小選挙区制**，一つの選挙区から二人以上を得票の多い順に選ぶ大選挙区制，得票に応じてそれぞれの政党の議席数を決める**比例代表制**などがある。小選挙区制では最も多くの票を集めた政党が得票率以上に多数の議席を得て，議会で物事を決めやすくなる特徴(とくちょう)がある。一方，比例代表制では得票の少ない政党も議席を得やすくなる代わりに，議会が数多くの政党に分かれ，物事を決めにくくなることがある。日本の衆議院議員の選挙では，小選挙区制と比例代表制を組み合わせた**小選挙区比例代表並立制**が，参議院議員の選挙では選挙区制と比例代表制が採られている。

Q 「死票」の持つ意味は？

A 落選して議席を得られなかったその政党や候補者の得票を死票(しひょう)とよぶことがある。死票は小選挙区制で多く，大選挙区制や比例代表制では少ない傾向(けいこう)にある。死票が無駄(むだ)にならないように，当選者は自分に投票しなかった人々の意見も気にかけながら政治を行うことが求められる。

見方・考え方 なぜさまざまな選挙制度があるのか，「民主主義」の観点から説明しましょう。

解答例 それぞれの選挙制度に長所と短所がある。国民の意見をできる限り政治に反映させるのが民主主義の在り方であるため，一つの選挙制度だけを採用するのではなく，複数の選挙制度を採用して，国民のさまざまな意見を政治に反映させるようにする必要がある。

▼主な選挙制度

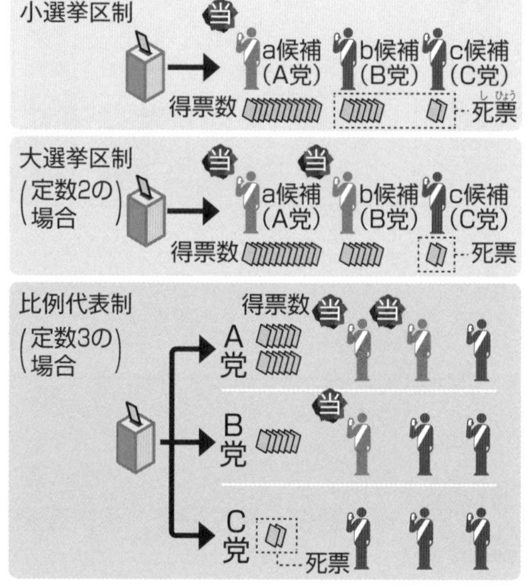

トライ 選挙が果たしている役割について，「民主主義」の観点から説明しましょう。

解答例 国民一人一人が政治に参加するための重要な機会である。

3 政党の役割

●教科書 p.82〜83

ここに注目！

1 政党の働き
政党にはどのような働きがあるの？

2 政党政治
政党政治とはどのような政治なの？

3 日本の政党政治
日本の政党政治はどのように行われているの？

? 民主政治において政党の果たす役割とは何かな？

1 政党の働き

国民の意見を集めて政治に生かす。政策や政治の動きを国民に知らせる。

政党とは，政治によって実現しようとする内容(政策)について，同じ考えを持つ人々が作る団体である。政党は，国民のさまざまな意見を集めて，国や地方公共団体の政治に生かす働きや，政策や政治の動きを国民に知らせる働きをしている。

▼政党と国民との関係

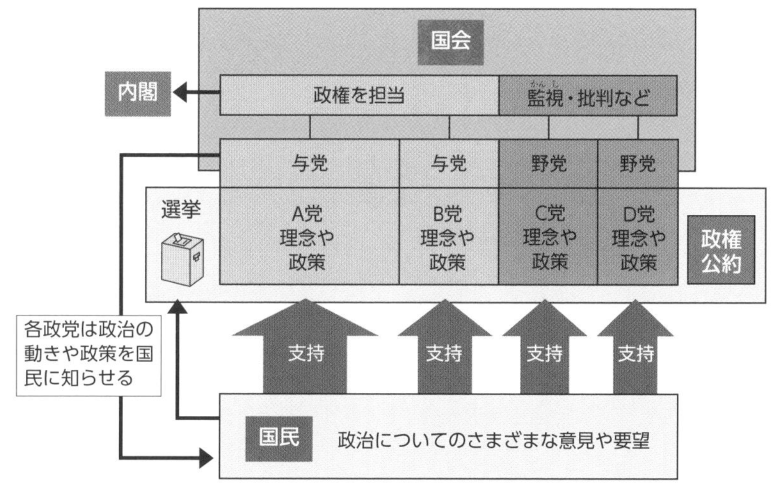

読み取る ①各政党がどのようなことを訴えているのか，読み取りましょう。
②教育や子育てについて，政党に関係なく日本がかかえる共通の課題は何か，読み取りましょう。

解答例 ①教科書p.82の**1**の各政党の公約から読み取る。
(例)自由民主党→子育て世代の経済的負担をなくすこと。
②(共通の課題)子育て世代の経済的負担が大きいことが，少子化の原因となっていること。

2 政党政治

議員の多くが政党に所属し，複数の政党が議席を争う。

特に国の政治では，議会の議員の多くが政党に所属し，複数の政党が議席を争う政党政治が行われている。国によって，二つの政党が議席のほとんどをしめる二党制(二大政党制)や，三つ以上の主要な政党

第3章 現代の民主政治と社会

チェック 日本で行われている政党政治の特徴（とくちょう）を，本文からぬき出しましょう。

解答例 「1955（昭和30）年に自由民主党（自民党）が結成されてから，長い間単独で政権を担当してきました。しかし1990年代以降は，さまざまな政党が結成されたり解散したりしながら，いろいろな形の連立政権が作られています。」

トライ 国民と政党との関係について，「民主主義」の観点から説明しましょう。

解答例 国民は各政党が示す政権公約を見て，選挙で投票する政党を決め，実施させたい政策を選び，政党を通して国民の意見を反映させている。

がある**多党制**などが見られる。内閣を組織して政権を担当する政党を**与党**（よとう）といい，それ以外の政党を**野党**という。内閣が複数の政党によって組織される政権を**連立政権**（連立内閣）という。

3 日本の政党政治

かつては自民党の単独政権。近年は連立政権の交代が繰り返されてきた。

日本では，1955年に自由民主党（自民党）が結成されてから，長い間単独で政権を担当してきた。2009年に行われた総選挙では，民主党が最も多くの議席を得て，それまでの自民党と公明党の連立政権から，民主党中心の連立政権にかわる政権交代が起こった。逆に，2012年の総選挙では，多くの議席を得た自民党と公明党が，再び与党となる連立政権ができた。

総選挙で，多くの政党は，政治で実現したい理念や，政権担当時に実施（じっし）する予定の政策などを記した**政権公約**を発表する。それぞれの党の公約を比べることで，人々は選挙でどの政党に投票し，どのような政策を実施させたいかを選びやすくなる。

▼1990年代以降の主な与党の移り変わり

1991.11～	自
93. 8～	社 さ 新 公 日 民 社
94. 4～	さ 新 公 日 民
94. 6～	自 社 さ
96.11～	自 社 さ
98. 7～	自
99. 1～	自 自
99.10～	自 自 公
2000. 4～	自 公 保
03.11～	自 公
09. 9～	民 社 国
10. 5～	民 国
12.12～	自 公

◌ は閣外協力

自 自由民主党	民 民社党
社 日本社会党（1996.1から社会民主党）	社 社会民主連合
さ 新党さきがけ	自 自由党
新 新生党	保 保守党（2002.12から保守新党）
公 公明党	民 民主党
日 日本新党	国 国民新党

4 マスメディアと世論

●教科書 p.84～85

ここに注目！

1 世論とマスメディア
世論とマスメディアの役割は何？

2 メディアリテラシー
マスメディアの情報を，どのように読み取ることが求められるの？

3 公正な世論を形成するために
公正な世論を形成するためには何が必要なの？

？ マスメディアの役割と政治にあたえる影響（えいきょう）とは何かな？

1 世論とマスメディア

世論の動向を参考にして政治が行われ，マスメディアを通して政治の内容や意見を知る。

政府や政党は，社会のさまざまな問題について，多くの人々によって共有されている意見である世論（せろん/よろん）の動向を参考にして政治を行う。新聞やテレビなどのマスメディアを通して，政府や政党の活動やそれに対するさまざまな意見を知ることができる。

チェック　世論とは，どのようなことを意味しているか，本文からぬき出しましょう。

解答例　「社会のさまざまな問題について，多くの人々によって共有されている意見」

2 メディアリテラシー

さまざまな角度から批判的に読み取る。

マスメディアは世論を形作る力を持っている。同じ出来事でも，その出来事の選び方や取り上げ方は，それぞれの新聞社やテレビ局によって異なる。さらに，マスメディアが伝える情報には，各社の意見が反映されていたり，後から不正確だったことが明らかになったりする場合もある。マスメディアの報道などを信じるのではなく，さまざまな角度から批判的に読み取る力であるメディアリテラシーが求められている。

トライ　私たちがマスメディアと接する際に注意すべきことを，次の語句を使って説明しましょう。[批判的]

解答例　マスメディアの報道などを信じるのではなく，さまざまな角度から批判的に読み取る必要がある。

3 公正な世論を形成するために

異なる意見も聞き，十分に議論して公正に判断する必要がある。

政党や政治家が，理念や政策を人々に伝える努力をすることは，民主主義にとって重要であるが，一つの考えをそのまま信じるのではなく，異なる意見も聞き，十分に議論して公正に判断する必要がある。

読み取る　教科書p.84 **1**の一面の記事を見比べて，どのようなちがいがあるか，読み取りましょう。

解答例
- 「国有地売却」に関する記事が，Ⓐではトップに掲載されているが，Ⓑでは3番目に取り上げられている。
- 「東海第二原発申請」の記事が，Ⓐでは2番目に取り上げられているが，Ⓑではトップに掲載されている。
- 「暗視カメラ中国に不正輸出」の記事が，Ⓑでは2番目に取り上げられているが，Ⓐでは取り上げられていない。

5 選挙の課題と私たちの政治参加

●教科書 p.86～87

ここに注目！

1 棄権の増加
棄権が増加するとどうなるの？投票率を高める取り組みは？

2 一票の格差
一票の格差とはどのような問題なの？

3 私たちの政治参加
私たちにできる政治参加にはどのような方法があるの？

？ 私たちは政治にどのように関わればよいのかな？

考える 教科書p.86の2のポスターにあるような，期日前投票の制度が設けられた理由を考えましょう。

解答例 選挙当日に投票所に来ることができない人でも投票できるようにして，投票率を高めるため。

1 棄権の増加

一部の人たちによって重要な事柄が決められてしまう。期日前投票制度

民主主義を効果的に行うためには，一人一人の政治参加が重要である。しかし近年では，選挙権を持つ有権者が投票に行かない棄権(きけん)が多くなり，投票率の低下が問題になっている。多くの人が棄権すると，一部の人たちによって政治の重要な事柄(ことがら)が決められることになるため，こうしたことをさけ，投票率を高めるために，投票日前でも投票できる期日前投票の制度も整えられている。

▼国政選挙の投票率

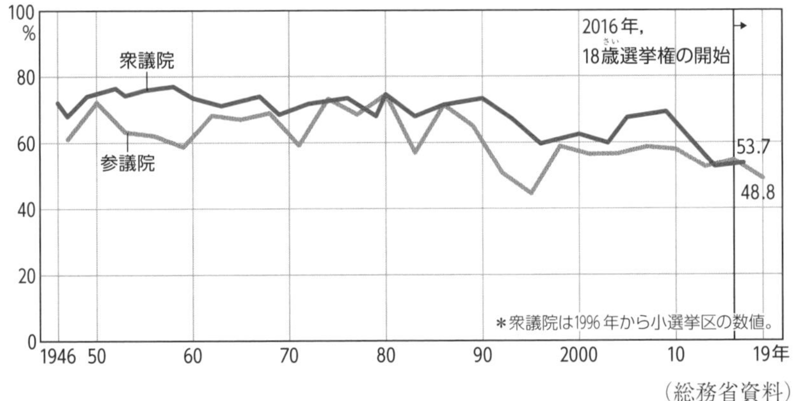

（総務省資料）

2 一票の格差

有権者が持つ一票の価値に差が生じる。その格差が大きいと「法の下の平等」に反する。

一票の格差も課題である。全国を選挙区に分けて選挙を行うときは，それぞれの選挙区の議員一人あたりの人口が，できるだけ平等に保たれていることが必要である。一人の議員が当選するために多くの得票が必要な選挙区と，少ない得票でも当選できる選挙区があると，それぞれの有権者が持つ一票の価値に差が生じてしまう。一票の格差が大きくなると，最高裁判所は，日本国憲法に定める「法の下の平等」などに反しているという判決を出すことがある。

▼一票の格差

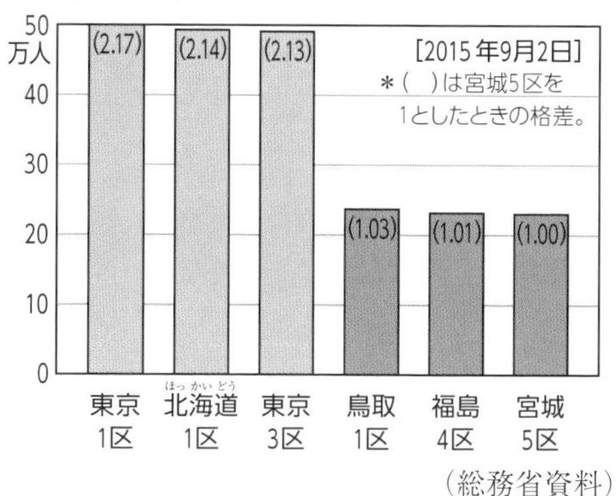

（総務省資料）

3 私たちの政治参加

選挙での投票，国や地方公共団体に意見を伝える，利益団体や住民運動への参加など

ふだんから政治に関心を持ち，さまざまな意見を検討し，自分なりに判断できるようになっておくことが必要である。

選挙での投票以外に，国や地方公共団体に意見を伝えたり，立場や得る利益が同じ人々の利益団体(圧力団体)や地域の住民運動に加わったりすること，選挙運動の手伝いをしたり，自分が選挙に立候補して政治家として活動したりすることも政治参加である。

インターネットを使って，政策を調べたり，政治に関する問題を話し合ったり，政治家に自分の意見を伝えたりすることも，新しい政治参加の方法として広がっている。

Q 「利益団体(圧力団体)」とは何？

A 自分たちの利益や目的を実現するために，議員や政党などに意見を述べたり応援したりする団体。経営者団体や消費者団体，労働組合，農業団体，医療関係団体など，さまざまな団体や組織がある。

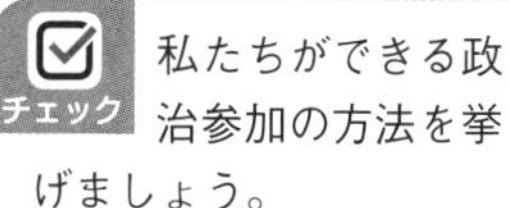
チェック　私たちができる政治参加の方法を挙げましょう。

解答例　「選挙運動の手伝い」「利益団体(圧力団体)の活動への参加」「インターネットによる情報収集や意見表明・交換」など，科書p.87の5の表を参考にしながら，自分が政治に参加できる方法を挙げましょう。

トライ　選挙の投票率を上げるにはどうしたらよいか，政治参加に着目して考えましょう。

解答例　一人一人がふだんから政治に関心を持ち，政治で決められた事柄によって，自分や家族がどのような影響を受けるかということを具体的に考えるようにする。そして，選挙では必ず投票する。

考える　(1)教科書p.87の 6の Ⓐから Ⓓの写真は，5の表のどの項目と関連するか，考えましょう。
(2)5の表の政治参加の方法のうち，自分が特に重要だと思うものを三つ挙げ，グループの中で意見交換をしましょう。

解答例　(1)Ⓐ選挙への立候補や選挙運動の手伝い
Ⓑ大衆運動(集団示威運動など)への参加
Ⓒ議員や行政機関への請願・陳情
Ⓓインターネットによる情報収集や意見表明・交換
(2)(重要だと思うもの)
「公聴会や審議会への参加」「情報公開制度などを利用した調査・監視」「インターネットによる情報収集や意見表明・交換」を取り上げ，例えば，「マスメディアを通しての情報ではなく，実際に物事を決めている場所に行って生の情報を得ることが重要だと思う。」など，自分の意見を伝える。

2節　国の政治の仕組み

☑ 国の政治では，なぜ権力の分立が必要なのでしょうか。

1 国会の地位と仕組み

●教科書 p.90〜91

ここに注目！

1 国会の地位	2 国会議員の地位	3 二院制	4 国会の種類
国会とはどのような機関なの？	国会議員はどのような地位なの？それはなぜ？	国会はなぜ二つの議院に分かれているの？	いつ，どのような国会が開かれるの？

? 国会の地位と仕組みはどのようになっているのかな？

見方・考え方 国会議員には国民の平均よりも高い歳費(さいひ)が支払(しはら)われ，さまざまな特権があたえられている理由を，「民主主義」の観点から説明しましょう。

解答例 国会議員が議員の仕事に専念して，国民の代表として重大な役割を果たすために自由に活動できるようにするため。

1 国会の地位　国権の最高機関，唯一の立法機関

日本の国会は，法律を定める立法権を持っている。国会は，国権の最高機関，唯一(ゆいいつ)の立法機関であり，国民の生活に関する重要な問題の審議(しんぎ)が行われ，決められる。

Q なぜ「最高」か？
A 国会は，主権を持つ国民が直接選んだ議員によって構成されるからである。

Q 「唯一」の意味は？
A 国会以外のどの機関も法律を定めることはできない。

2 国会議員の地位　選挙で選ばれた国民全体の代表であり，特権が認められている。

国会議員は，選挙で選ばれた国民全体の代表である。さまざまな人々の意見を公正に聞き入れ，国民全体のために活動することが求められる。また，国会議員は国から給料(歳費(さいひ))が支払(しはら)われるとともに，不逮捕特権や免責(めんせき)特権を持っている。

Q 「不逮捕特権」とは何？
A 国会の会期中は，原則として逮捕されない権利で，日本国憲法第50条に定められている。これは，議員の身体の自由を保障し，政府によって議員の職務執行が妨げられないようにするとともに，議員としての審議を可能にするためである。

Q 「免責特権」とは何？

A 国会で行った演説や採決などについて法的な責任を問われないという特権で，日本国憲法第51条に定められている。これは，国会内における議員の言論の自由を保障するためである。

3 二院制　審議が慎重に行われる。

国会は二院制が採られ，衆議院と参議院の二つの議院で構成されている。衆議院と参議院の議決が一致すると国会の議決になる。

▼衆議院と参議院の比較

	衆議院	参議院
議員定数	465人	245人
任期	4年 （解散がある）	6年 （3年ごとに半数を改選）
選挙権	18歳以上	18歳以上
被選挙権	25歳以上	30歳以上
選挙区	小選挙区　289人 比例代表　176人	選挙区　147人 比例代表　98人

4 国会の種類　常会，臨時会，特別会，参議院の緊急集会

国会には，常会，臨時会，特別会，参議院の緊急集会がある。常会は1回，臨時会と特別会は2回まで，会期を延長できる。

▼国会の種類

種類	召集	会期
常会（通常国会）	毎年1回，1月中に召集される	150日間
臨時会（臨時国会）	内閣が必要と認めたとき，または，いずれかの議院の総議員の4分の1以上の要求があった場合に召集される	両院の議決の一致による
特別会（特別国会）	衆議院解散後の総選挙の日から30日以内に召集される	
参議院の緊急集会	衆議院の解散中，緊急の必要があるとき，内閣の求めによって開かれる	不定

チェック 衆議院と参議院とのちがいを，本文や資料からぬき出しましょう。

解答例 教科書p.91 9の表や本文から，次の項目に当たる箇所を抜き出しましょう。
- 議員定数
- 任期
- 解散の有無
- 被選挙権
- 選挙区
- 参議院には緊急集会があること

トライ 国会が「国権の最高機関」とされている理由を，「民主主義」の観点から説明しよう。

解答例 国会は，主権を持つ国民が直接選んだ代表者によって構成される一方，行政権と司法権は間接的に選ばれた者によって構成されるため，国会は国権のなかで国民の意思を最もよく反映する機関である。

2 法律や予算ができるまで

●教科書 p.92〜93

ここに注目！

1 法律・予算とは
法律・予算とは何？

2 委員会と本会議
委員会と本会議では，それぞれ何が行われるの？

3 衆議院の優越
衆議院の優越が認められているのはなぜ？

？ 国会の審議(しんぎ)はどのように行われるのかな？

チェック

国会がしている主な仕事を，本文や資料からぬき出しましょう。

解答例 「法律の制定(立法)」「予算の審議・議決」「条約の承認」「国政調査権」「弾劾裁判所の設置」「内閣総理大臣の指名」「憲法改正の発議」

1 法律・予算とは

法律は憲法の次に強い効力を持つ法，予算は税金などの収入の使い道を示したもの

国会の主な仕事は，法律の制定(立法)と予算の審議(しんぎ)・議決である。法律は憲法の次に強い効力を持つ。予算は，国や地方公共団体が税金などの収入の使い道を示したものである。

2 委員会と本会議

委員会でくわしく審査され，本会議で審議と採決が行われる。

法律案は，内閣か国会議員が作成し，国会に提出する。法律案や予算は，分野別に数十人の国会議員で作る委員会でくわしく審査(しんさ)される。その後，議員全員からなる本会議に進んで審議され，出席議員の過半数の賛成で可決される。

▼法律のできるまで

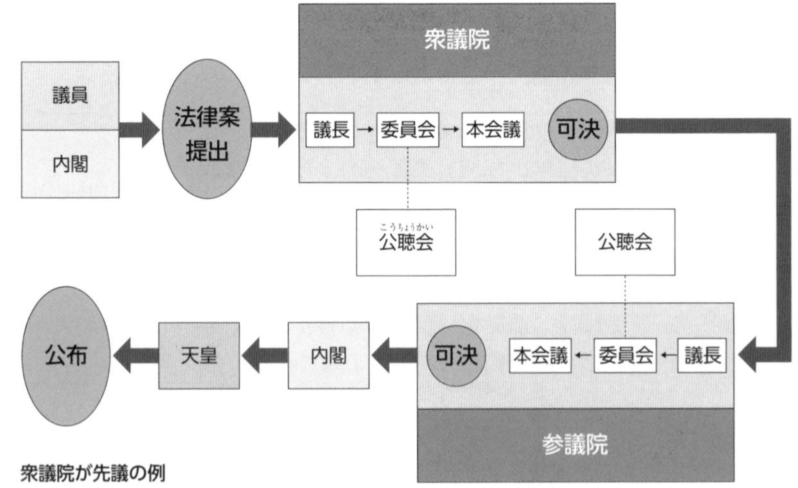

衆議院が先議の例

Q 国会での採決の方法は？

A 国会での採決は，議長による異議の確認や起立，投票のほか，参議院ではおしボタンによる採決がある。特に重要な議案の場合は，議員本人の名前の書かれた木札（賛成は白，反対は青）を投票する。

3 衆議院の優越

衆議院は任期が短く，解散もあるため，国民の意見とより強く結び付いている。

一方の議院で議決された法律案や予算は，もう一方の議院でも同じ流れで審議され，両議院の議決が一致すると，法律や予算が成立する。いくつかの議決では，衆議院が参議院より優先される**衆議院の優越**が認められている。これは，衆議院は任期が短く，解散もあるため，国民の意見とより強く結び付いているからである。

▼衆議院の優越

事項	内容	結果
予算の先議	予算は衆議院が先に審議する	
予算の議決 条約の承認 内閣総理大臣の指名	参議院が，衆議院と異なった議決をした場合 →両院協議会でも意見が一致しないとき	衆議院の議決が国会の議決となる
	参議院が，衆議院の可決した議案を受け取った後30日以内（内閣総理大臣の指名については衆議院の議決の後10日以内）に議決しないとき	
法律案の議決	参議院が，衆議院と異なった議決をするか，衆議院の可決した法律案を受け取った後60日以内に議決しない場合 →衆議院が出席議員の3分の2以上の多数で再可決したとき	法律となる
内閣不信任の決議	内閣不信任の決議は衆議院のみで行うことができる	

衆議院の優越のそれぞれの事項で，内容と結果を確実に覚えておくことが大切です。

トライ 「衆議院の優越」が定められている理由を，「効率」と「公正」の観点から考えましょう。

解答例 （「効率」の観点）衆議院の優越が認められている事柄は，迅速に決めなければいけないことであり，衆議院と参議院が必ず一致しなければいけないとなると，議決までに時間がかかりすぎてしまうという無駄が生じてしまうから。

（「公正」の観点）衆議院の優越が認められている事柄でも，参議院に審議の機会があたえられているため，手続きの公正さは保障されている。また，内閣不信任の決議については，衆議院のみで行うことができるが，その代わりに衆議院は解散という結果もあり得るため，機会・結果の公正さも保障されていると考えられる。

3 行政を監視する国会

●教科書 p.94～95

ここに注目！

1 内閣総理大臣の指名	2 条約の承認	3 国政調査権	4 その他の国会の仕事
内閣総理大臣はだれの中から指名されるの？	条約に関する国会の仕事は何？	国政調査権とは何？	その他にはどのような仕事があるの？

国会と行政はどのように関わっているのかな？

集める　近年承認された条約には～

解答例　・国際獣疫事務局アジア太平洋地域代表事務所の特権及び免除に関する日本国政府と国際獣疫事務局との間の協定
・投資の促進及び保護に関する日本国とアラブ首長国連邦との間の協定
など

1 内閣総理大臣の指名　内閣総理大臣は国会議員の中から指名される。

法律や予算に基づいて政策を実行することを行政という。行政権を持つ内閣の首長である内閣総理大臣(首相)は，国会で国会議員の中から指名することが定められている。内閣総理大臣は，国務大臣を任命して内閣を作る。内閣は，法律や予算に基づいて政策を実行する。

2 条約の承認　内閣が結んだ条約を承認する。

国どうしや，国と国際機関との間で結ばれた，文書による取り決めのことを条約という。条約は内閣が結ぶが，条約の承認は国会が行う。

3 国政調査権　国の政治について調査をする権限

国会は国の政治について調査する国政調査権を持っている。証人喚問や政府に対する記録の提出を求めることができる。

4 その他の国会の仕事　憲法改正の発議，弾劾裁判所の設置など

憲法改正の発議や，裁判官を辞めさせるかどうかを判断する裁判官弾劾裁判所の設置なども，国会の仕事である。

チェック　国会が行政権との関係の中で～

解答例　「内閣総理大臣(首相)を選んだり，行政の活動を監視したりする」

トライ　私たちと国会との関係について，～

解答例　国会で出された憲法改正案は，国民投票にかけられる。また，国会での審議などは原則として公開されている。

Q 「憲法審査会」とは何？

A 2007(平成19)年に日本国憲法の改正手続きに関する法律が定められた。これを受けて，衆議院と参議院のそれぞれに，常設の機関である憲法審査会が設置され，2011年から活動している。委員の数は衆議院50人，参議院45人で，政党などが作る会派に所属する議員の数の比率に応じて配分される。

憲法審査会では，憲法や，密接に関連する法律などについて調査し，憲法改正原案，憲法改正の発議，国民投票に関する法律案などの審査が行われる。

4 行政の仕組みと内閣

●教科書 p.96～97

ここに注目！

1 行政の役割と仕組み
行政はどのような仕事を，どの機関が行っているの？

2 内閣の仕事と組織
内閣はどのような組織で，どのような仕事をするの？

3 議院内閣制
日本の立法と行政とは，どのような関係なの？

内閣の役割と仕組みはどのようになっているのかな？

1 行政の役割と仕組み

経済政策，公共事業，社会保障，環境保護，教育など，暮らしのすみずみにまでおよぶ。

現代では，行政の役割は私たちの暮らしのすみずみにまでおよんでいる。国の行政は，内閣総理大臣(首相(しゅしょう))を中心に，外務省，文部科学省などの行政機関が分担して行っている。

▼国の主な行政機関

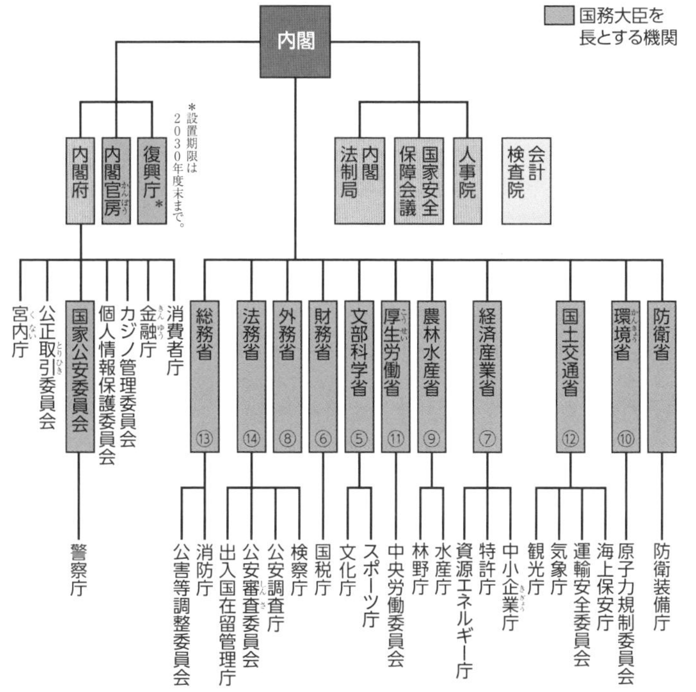

2 内閣の仕事と組織

内閣総理大臣とその他の国務大臣で組織され，法律で定められた物事を実施する。

行政機関の仕事を指揮監督(かんとく)するのが内閣である。内閣の最も重要な

考える　次の仕事は教科書p.97の5の～

解答例
Ⓐ文部科学省
Ⓑ厚生労働省
Ⓒ外務省
Ⓓ農林水産省
Ⓔ厚生労働省
Ⓕ文部科学省

チェック　内閣がしている主な仕事を，～

解答例
「行政機関を通して，法律で定められた物事を実施する」「，法律案や予算を作って国会に提出したり，条約を結んだりします」「法律の執行」「外交関係の処理」「条約の締結」「予算の作成・提出」「政令の制定」「最高裁判所長官の指名とその他の裁判官の任命」「天皇の国事行為に対する助言と承認」

仕事は，行政機関を通して，法律で定められた物事を実施(じっし)することである。また，法律案や予算を作って国会に提出したり，条約を結んだりする。最高裁判所長官の指名とその他の裁判官の任命，天皇の国事行為(こうい)に対する助言と承認(しょうにん)も，内閣の仕事である。

内閣は，内閣総理大臣とその他の国務大臣とで組織される。国務大臣は内閣総理大臣によって任命されるが，過半数は国会議員から選ばれる。国務大臣の多くは各府省の長となる。

内閣は閣議を開いて，行政の仕事に関する物事を決める。

3 議院内閣制

内閣は国会が選んだ首相を中心に組織され，国会に対して連帯して責任を負う。

日本は，国民が，立法を行う議会の議員を選び，その議会が行政の中心になる首相を選ぶ議院内閣制を採っており，内閣は国会が選んだ首相を中心に組織され，国会に対して連帯して責任を負う。衆議院の総選挙が行われたときは，内閣は必ず総辞職し，選挙の結果をふまえて内閣総理大臣が国会によって指名されて，新しい内閣が作られる。

衆議院の内閣不信任の決議と，内閣の衆議院の解散とによって，国会と内閣はたがいに権力の行きすぎを抑制(よくせい)し合い，均衡(きんこう)を保っている。

▼日本の立法と行政の関係（議院内閣制）

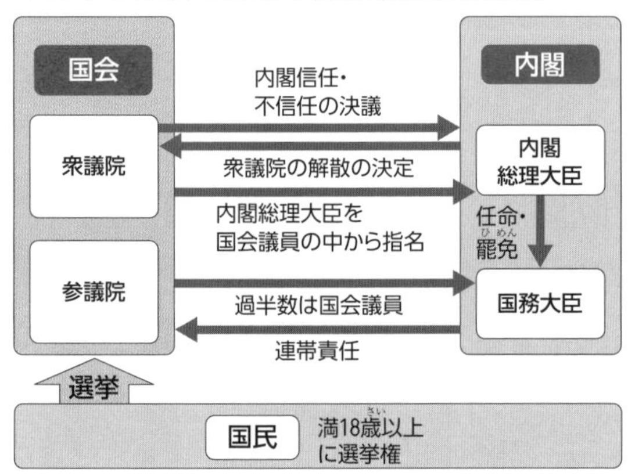

▼アメリカの立法と行政の関係（大統領制）

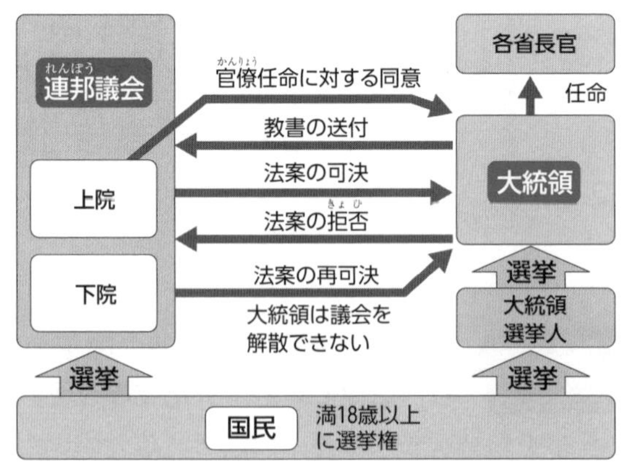

見方・考え方 教科書p.97の7の二つの関係を比較(ひかく)して，「民主主義」の観点からそれぞれの長所と短所を考えましょう。

解答例 ・議院内閣制（長所）内閣信任・不信任の決議，衆議院の解散があるため，内閣と国会がたがいに抑制と均衡を保ちながら政策を決定・実行することができる。
（短所）行政権を担う内閣を国民が直接選ぶことができないため，国民の意見を直接行政に反映できない。
・大統領制（長所）国民が大統領を直接選ぶことができるため，国民の意見を直接行政に反映できる。
（短所）大統領と連邦議会はそれぞれ独立しているため，たがいに意見が異なるときは，国政が滞る場合がある。

トライ 日本の内閣と国会との関係について，次の語句を使って説明しましょう。［議院内閣制／首相］

解答例 内閣は，国権の最高機関である国会が選んだ首相を中心に組織され，国会に対して連帯して責任を負う議院内閣制を採っている。

●教科書 p.98〜99

5 行政の役割と行政改革

ここに注目！

1 行政を担当する公務員と財政
公務員の役割は何？
財政とは
どのような活動？

2 行政権の拡大
政府の役割は
どのように
変化しているの？

3 行政改革
行政では
どのような改革が
行われているの？

？ 行政における内閣の役割は，どのように変化してきたのかな？

1 行政を担当する公務員と財政　公務員は「全体の奉仕者」税金の収入と支出を行う財政

行政の仕事を実行する公務員には，国家公務員と地方公務員がおり，一部の人々のためではなく，「全体の奉仕者」として仕事を行うことが求められる。政府は政策を進める中で，税金の収入を得て，それを支出する経済活動(財政)も行っている。

2 行政権の拡大　「小さな政府」から「大きな政府」へ

19世紀半ばまでのヨーロッパやアメリカでは，政府の役割を安全保障や治安の維持などの最小限にとどめる「小さな政府」という考え方が一般的だったが，現代では，政府は社会保障や教育，雇用の確保など，さまざまな役割を担う「大きな政府」であるべきだと考えられている。

3 行政改革　無駄がない効率的な行政へ

日本では，無駄がない効率的な行政を目指す行政改革が進められてきた。行政が企業などに出す許認可権を見直して，自由な経済活動をうながす規制緩和なども行われている。

チェック 公務員が「全体の奉仕者」とよばれる理由を，本文や資料からぬき出しましょう。

解答例 「すべて公務員は，全体の奉仕者であつて，一部の奉仕者ではない。」「公務員は，この憲法を尊重し擁護する義務を負ふ。」「国や地方公共団体といった政府が行政の仕事を行ううえでは，公務員の働きが欠かせません。」

見方・考え方 (1)近年，日本で民泊や一部の〜
(2)民泊やライドシェアリングを〜

解答例 (1)簡易で安く宿泊できたり，目的地まで移動できるサービスを求めるニーズの増加に対して，規制によってそのようなサービスの提供が認められていなかったため。
(2)簡易で安くできる点は効率的であるが(長所)，これまで許認可を受けてきた事業者の不利益になる点で公正でない(短所)。

読み取る 教科書p.98の**2**のグラフで国家公務員数が大きく減少した年の出来事を，**3**の年表で確認しましょう。

解答例 2003年の日本郵政公社設立，郵政事業庁廃止と2007年の郵政民営化を確認する。

トライ 行政改革が進められた理由を，次の語句を使って説明しましょう。[企業／縦割り行政]

解答例 政府が企業などに任せられる仕事まで実施してしまわないようにするためや，行政全体よりもそれぞれの行政機関の利益を優先する「縦割り行政」の問題を解消するため。

6 裁判所の仕組みと働き

●教科書 p.100〜101

ここに注目！

1 法に基づく裁判
裁判の役割は何？

2 裁判所の種類
裁判所にはどのような種類があるの？

3 司法権の独立
司法権の独立とはどのようなこと？

？ 裁判は私たちの生活において，どのような役割を果たしているのかな？

チェック 裁判所の種類と，それぞれが行っている裁判を，本文や資料からぬき出しましょう。

解答例 ・（本文から）「日本の裁判所は，最高裁判所と下級裁判所とに分かれます。下級裁判所は，高等裁判所，地方裁判所，家庭裁判所，簡易裁判所の４種類です。」
・（資料から）教科書p.101 **4**の表から，それぞれの裁判所が行う裁判の内容を抜き出す。

トライ 司法権の独立の原則が必要な理由を，「個人の尊重」の観点から説明しましょう。

解答例 ・国会や内閣などの国家権力によって裁判所が干渉されると，裁判の当事者のかけがえのない人権が権力によって侵害されることになるから。

1 法に基づく裁判

法を基準として，争いや事件を解決し，人権を守り，社会の秩序を保つ。

法は，社会の中で多くの人々がともに暮らしていくために必要な決まりの一つで，憲法や法律，条例などがある。法を基準として，社会の争いや事件を解決することで，私たちの権利を守り，社会の秩序(ちつじょ)を保つ役割が司法（裁判）であり，裁判の仕事を行うのが裁判所である。

2 裁判所の種類

最高裁判所，高等裁判所，地方裁判所，家庭裁判所，簡易裁判所

日本の裁判所は，最高裁判所と下級裁判所とに分かれる。下級裁判所は高等裁判所，地方裁判所，家庭裁判所，簡易裁判所の４種類である。第一審(だいいっしん)の判決が不服な場合は，第二審(だいにしん)の裁判所に控訴(こうそ)し，さらにその判決にも従えなければ，第三審(だいさんしん)の裁判所に上告することができる。一つの内容について３回まで裁判を受けられることを，三審制という。裁判官は判決を出し，争いを終わらせようとする。

▼三審制

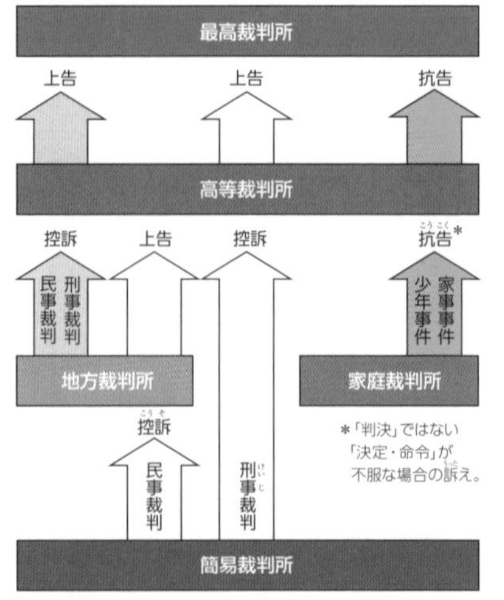

3 司法権の独立

国会や内閣は裁判所に干渉してはならない。裁判官は良心に従い，憲法と法律だけにしばられる。

裁判は，正しい手続きによって，中立な立場で公正に行われなければならない。そのために必要な原則が司法権の独立であり，国会や内閣は裁判所に干渉(かんしょう)してはならず，また，一つ一つの裁判では，裁判官は自分の良心に従い，憲法と法律だけにしばられる。

7 裁判の種類と人権

●教科書 p.102〜103

ここに注目！

1 民事裁判
民事裁判とはどのような裁判なの？

2 刑事裁判
刑事裁判とはどのような裁判なの？

3 裁判と人権保障
裁判では，だれの人権が保障されているの？

？ 私たちの人権を守るために，裁判にはどのような仕組みがあるのかな？

1 民事裁判　私人の間の争いについての裁判

民事裁判は，個人や企業といった私人の争いについての裁判であり，このうち国や地方公共団体を相手にした裁判を**行政裁判**とよぶ。審理では，訴えた人が**原告**，訴えられた人が**被告**となって，意見を述べ合う。裁判官は，当事者どうしで話し合って合意（和解）するようにうながしたり，法に基づいた判決を出したりする。

2 刑事裁判　犯罪について，有罪か無罪かを決める裁判

刑事裁判は，殺人などの犯罪について，有罪か無罪かを決める裁判である。事件が起こると，警察官と**検察官**が捜査し，罪を犯した疑いのある**被疑者**を捜し，証拠を集める。検察官は，被疑者が罪を犯した疑いが確実で，刑罰を科すべきだと判断すると，被疑者を**被告人**として，裁判所に訴える（起訴）。裁判官や裁判員は，被告人が有罪か無罪かを決め，有罪の場合には刑罰を言いわたす。

▼裁判の手続き

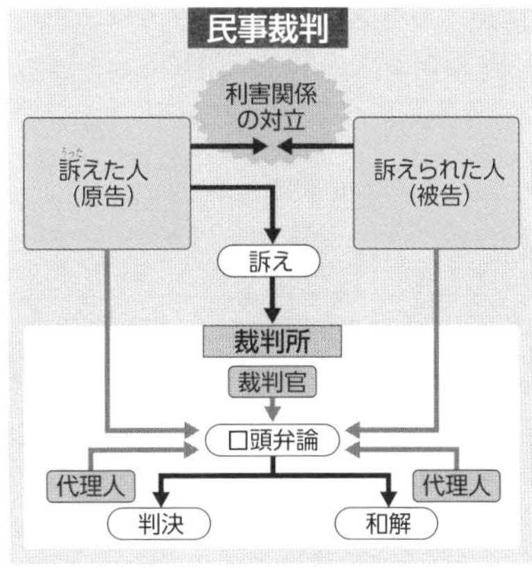

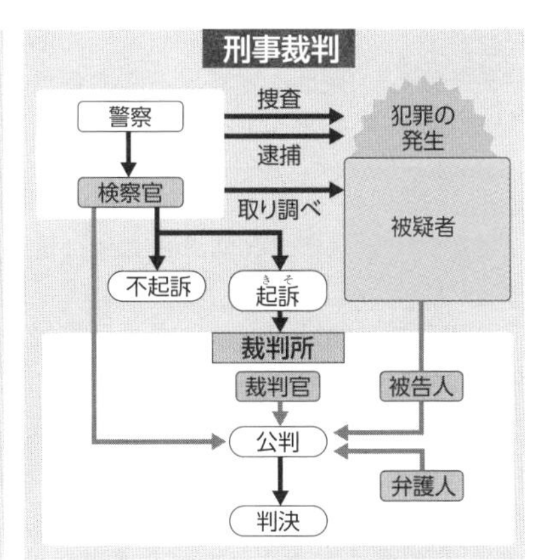

（注）代理人と弁護人は一般に弁護士が務めます。

見方・考え方　令状を，警察官や検察官ではなく，裁判官が出す理由を，「個人の尊重」の観点から説明しましょう。

解答例　裁判官は国家権力から独立しているため，中立・公正な立場で判断することができるから。

第3章 現代の民主政治と社会

チェック 被疑者以外に裁判に出席する人と，それぞれの役割について，本文からぬき出しましょう。

解答例 「検察官は，被疑者が罪を犯した疑いが確実で，刑罰を科すべきだと判断すると，被疑者を被告人として裁判所に訴えます（起訴）。」「裁判官や裁判員は，被告人が有罪か無罪かを決め，有罪の場合には刑罰を言いわたします。」「通常は弁護士が原告や被告，被告人の手助けをします。」

▼日本の主な刑罰の種類

死刑	生命をうばう
懲役	刑務所に収容・監禁して，労働させる（1か月以上20年以下の有期か，期間の定めのない無期）
拘留・禁錮	刑務所に収容・監禁する（拘留は1日以上30日未満，禁錮は1か月以上20年以下の有期か無期）
科料・罰金	お金を国に納める（科料は1000円以上1万円未満，罰金は1万円以上）

3 裁判と人権保障　被疑者・被告人の権利の保障

日本の刑事裁判では，強い権限を持つ警察官や検察官の捜査が行きすぎないように，被疑者・被告人の権利が憲法で保障されている。警察官は，裁判官の出す令状がなければ原則として逮捕や捜索はできず，拷問などによる自白は証拠にならない。裁判で黙っていたりする黙秘権や，弁護人をたのむ権利も保障されている。

▼日本国憲法に定められた被疑者・被告人の権利

法定手続きの保障，罪刑法定主義	第31条
令状の必要性（令状主義）	第33条，第35条
拷問および残虐な刑罰の禁止	第36条
公平で迅速な公開裁判の保障	第37条①
弁護人を依頼する権利	第34条，第37条③
自己に不利益な供述や自白の強要の禁止	第38条①②
遡及処罰の禁止，一事不再理	第39条

トライ 裁判によって守られている人権について，2章の人権の学習もふり返って説明しましょう。

解答例 ・あらかじめ犯罪と刑罰，法定手続きを明文化することにより，国民の活動の自由が保障されている。
・警察官や検察官の不当な逮捕・捜索によって人権を侵害しないように，裁判官の令状が必要である。
・身体の自由を保障するため，拷問や自白の強要が禁止されている。
など

みんなでチャレンジ 刑事裁判に関連して，死刑を廃止するべきだという意見が～
(1)死刑を支持する人の意見と，反対する人の意見を整理しましょう。
(2)今後，死刑をどうするべきか，理由もふくめてグループで意見交換しましょう。

解答例 (1)（支持）「凶悪な犯罪を防ぐために死刑は必要である。」など
（反対）「人を殺すことは許されず，日本国憲法第36条で禁止される「残虐な刑罰」である。」など
(2)（死刑を存続）「かけがえのない命を奪われた被害者の遺族は，一生被害者の死と向き合いながら生きていかなければならない。それなのに，加害者がその死と向き合うことなく生き続けていくのは公平でない。」など
（死刑を廃止）「国家権力によって人の命が奪われてはならない。加害者が被害者の命を奪ってしまったことは決して許されることではない。だからこそ，その罪の重さを背負いながら生き続けていくことが必要である。」など

8 裁判員制度と司法制度改革

●教科書 p.104〜105

ここに注目！

1 司法制度改革
なぜ司法制度改革が行われるの？

2 裁判員制度
裁判員制度とはどのような制度なの？

3 取り調べの可視化と被害者参加制度
なぜ取り調べが可視化されたり，被害者参加制度が設けられたの？

？ 裁判をより身近で公正なものにするために，どのような取り組みがなされているのかな？

1 司法制度改革　人々が裁判を利用しやすくするため。

裁判が利用しづらく，費用と時間がかかりすぎる状況を改め，人々が裁判を利用しやすくするために，司法制度改革が進められてきた。だれもが司法に関するサービスを受けられるように，日本司法支援センター(法テラス)が設けられた。

2 裁判員制度　国民が裁判員として，重大犯罪についての刑事裁判の第一審に参加する制度

2009年から，国民が裁判員として，重大犯罪についての刑事裁判の第一審に参加する裁判員制度が始まった。一つの事件の裁判を，原則として６人の裁判員と３人の裁判官が協力して行う。

3 取り調べの可視化と被害者参加制度　えん罪を防ぐため。一方で被害者の気持ちに配慮することが必要である。

司法にとって，無実の人が罪に問われる，えん罪を防ぐことは，最も重要な課題である。捜査が適正に行われたかを後から確かめられるように，警察官や検察官の取り調べを録画・録音する，取り調べの可視化が義務化されている。一方で，刑事裁判が被害者の気持ちに配慮して行われるように，一部の事件では，被害者が被告人や証人に質問できる被害者参加制度などが設けられている。

Q 「検察審査会」とは何？

A 検察官が事件を起訴しなかったことが適切かどうかを判断する。満20歳以上の国民の中から，くじで選ばれた11人の検察審査員が，６か月の任期で活動する。

考える　裁判員制度の問題点を参考に，〜

解答例　・審理の長期化による裁判員の負担を解消するために，審理期間に応じて裁判員の生活費の一部を補助する。　など

チェック　裁判員が，裁判官とともに〜

解答例　(本文)「裁判官とともに公判に出席して，被告人や証人の話を聞いたり，証拠を調べたりします。そのうえで，裁判官と裁判員とで話し合い(評議)，被告人が有罪か無罪か，有罪の場合はどのような刑罰にするかを決定します(評決)。」(資料)「両方の主張を聞き，必要があれば質問します。」「評議室で評議し，評決します。意見がまとまらない場合は多数決で決定します」

トライ　裁判員制度や取り調べの〜

解答例　個人として尊重されながら，取り調べや裁判が適正に行われるようにするため。

9 三権の抑制と均衡

●教科書 p.108～109

ここに注目！

1 三権分立
三権分立とはどのような仕組みなの？

2 三権の関係と国民
三権はそれぞれどのような関係があり，国民とどのようにつながっているの？

3 違憲審査制
違憲審査制とはどのような制度なの？

？ 国会，内閣，裁判所の三権は，どのような関係にあるのかな？

考える

教科書 p.108❶の Ⓐから Ⓓの新聞記事は，それぞれ教科書p.109 ❸の図のどの矢印と関連するか考えましょう。

解答例 Ⓐ法律の違憲審査，Ⓑ衆議院の解散の決定，Ⓒ最高裁判所長官の指名，Ⓓ世論

1 三権分立

国の権力を立法権，行政権，司法権に分け，それぞれ国会，内閣，裁判所に担当させる。

日本は，国の権力を立法権，行政権，司法権の三つに分け，それぞれ国会，内閣，裁判所という独立した機関に担当させる三権分立(権力分立)を採っている。

2 三権の関係と国民

三権の抑制と均衡によって，国の権力の集中を防ぎ，国民の人権を守る。

議院内閣制を採る日本では，国権の最高機関である国会が，三権の中でも重要な地位にある。主権を持つ国民は，国会議員を選挙で選ぶ。その国会は内閣総理大臣を指名し，特に衆議院は内閣不信任の決議を行うことができる。つまり，国民は国会議員の選挙を通じて，内閣も選んでいるといえる。

内閣は，最高裁判所長官を指名し，その他の裁判官を任命する。国会は弾劾(だんがい)裁判所を設けて，裁判官を辞(や)めさせることができる。最高裁判所の裁判官に対しては，国民も直接，任命が適切かどうか，国民審査(しんさ)を行う。

一方で，内閣は衆議院の解散を行うことができ，裁判所は，国会が制定した法律や内閣に対する違憲審査(いけんしんさ)を行う。このように，三権がたがいに行きすぎを抑制(よくせい)し合い，均衡(きんこう)を保つことによって，国の権力が一つの機関に集中することを防ぎ，国民の人権を守っている。

チェック

三権が，たがいに抑制し合っている内容を，本文や資料からぬき出しましょう。

解答例 （本文）「国会は内閣総理大臣を指名し，特に衆議院は内閣不信任の決議を行うことができます。」「内閣は，最高裁判所長官を指名し，その他の裁判官を任命します。」「国会は弾劾裁判所を設けて，裁判官を辞めさせることができます。」

→右ページに続く

右ページの三権分立の図とあわせて，立法権，行政権，司法権がどのように抑制と均衡を保っているかを理解しよう。

▼三権の抑制と均衡の関係

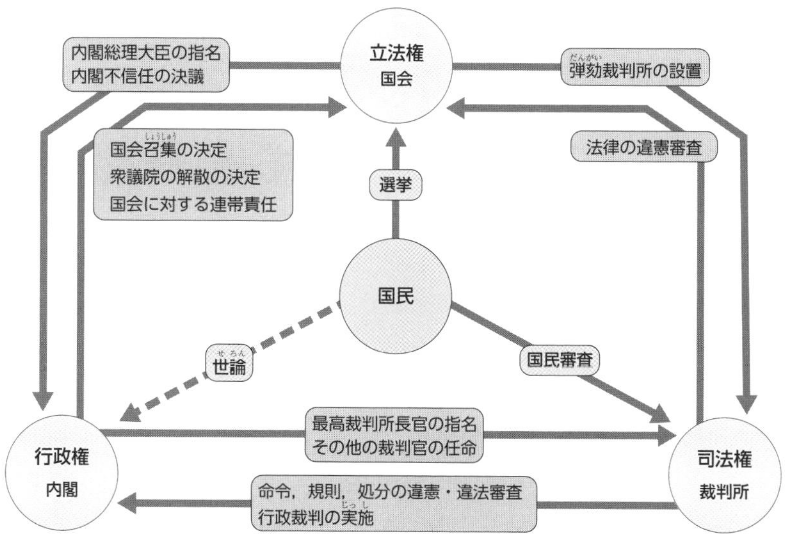

3 違憲審査制

裁判所が，法律や命令・規則・処分が憲法に違反していないかを審査する。

日本の裁判所は，国会が制定した法律や，内閣が作る命令，規則，処分が憲法に違反していないかを，具体的な事件の裁判を通して審査する。これを違憲審査制という。特に，最高裁判所は，法律などが合憲か違憲かについての最終決定権を持っており，「憲法の番人」とよばれている。

違憲審査制は，憲法によって政治の権力を制限し，国民の人権を守るという立憲主義の考えに基づいており，ここにも憲法が国の最高法規であることが表れている。

▼最高裁判所の違憲判断の例

判決	年
尊属殺人重罰規定違憲判決	1973年
薬局開設距離制限違憲判決	1975年
議員定数不均衡違憲判決	1976，85年
在外選挙違憲判決	2005年
国籍法婚外子差別違憲判決	2008年
民法婚外子相続差別違憲決定	2013年
再婚禁止期間違憲判決	2015年

チェック 三権が，たがいに抑制し合っている内容を，本文や資料からぬき出しましょう。

解答例 →左ページの続き
「内閣は，衆議院の解散を行うことができます。」「裁判所は，国会が制定した法律の違憲審査を行います。」「内閣もまた，裁判所による違憲審査や行政裁判の対象になります。」「日本の裁判所は，国会が制定した法律や，内閣が作る命令，規則，処分が憲法に違反していないかを，具体的な事件の裁判を通して審査します。」
（資料）教科書p.109 3 の図の矢印の内容を抜き出す。

トライ 三権分立が採られている理由を，次の語句を使って説明しましょう。[集中／人権]

解答例 国の権力が一つの機関に集中することを防ぎ，国民の人権を守るため。

3節 地方自治と私たち

☑ 人々の声を政治に生かすために，私たちに何ができるでしょうか。

1 私たちの生活と地方自治

●教科書 p.110～111

ここに注目！

1 地方自治とは
地方自治とは何？

2 国と地方公共団体の役割
国と地方公共団体には，それぞれどのような役割があるの？

3 地方分権
地方分権とは何？

？ 地方自治はどのような考えに基(もと)づいて行われているのかな？

考える　身近な地域には～

解答例 防犯対策，高齢者のための施策，自然や緑の保全，道路・公園の整備　など

チェック　地方公共団体の役割を，～

解答例 （都道府県）大きな河川や道路の管理など（市区町村）地域の小・中学校の設置など

トライ　地方自治が「民主主義の学校」と～

解答例 地方自治は，住民の生活に身近な民主主義を行う場であるから。

1 地方自治とは

地域は住民自身によって運営されるべきであり，国から自立した地方公共団体を作る。

地域を運営する主な場となるのが地方公共団体（地方自治体）で，都道府県，市町村，特別区などがある。地域は住民自身によって運営されるべきであり，そのために国から自立した地方公共団体を作るという地方自治の原則が，日本国憲法に明確に示されている。地方公共団体の仕組みや運営の方法などについては，地方自治法で定められている。地方自治は，住民の生活に身近な民主主義を行う場であり，「民主主義の学校」とよばれている。

2 国と地方公共団体の役割

地方公共団体は，住民により身近な仕事を担い，国は国際的・全国的な仕事を担う。

地方公共団体は，住民により身近な仕事を担当する。一方，国は，国際社会での日本の立場に関する仕事や，全国的な規模や視点が必要な仕事を重点的に担当する。

3 地方分権

地方公共団体が自立した活動を行う。仕事や財源を国から地方公共団体に移す。

それぞれの地方公共団体が自立した活動を行えるようにするため，1999年に地方分権一括法(いっかつ)が作られた。これ以降，国の仕事の多くが地方公共団体の仕事になり，現在でも地方分権が進められている。

みんなでチャレンジ　近年の震災(しんさい)の際～(1)，(2)，(3)

解答例 (1)(2)「粗大ごみの回収」－「コンビニ持ちこみサービス」，「学校の学習プリントの復習」－「学習プリント出力サービス」など　(3)(省略)

2 地方自治の仕組み

●教科書 p.112〜113

ここに注目！

1 地方議会	2 首長	3 直接請求権
地方議会はどのような仕事をするの？	首長はどのような仕事をするの？	住民の直接請求権には何があるの？

？ 地方自治はどのような仕組みで行われているのかな？

1 地方議会　条例の制定や予算の議決などを行う。

国の政治に国会があるように，地方公共団体にも**地方議会**が置かれている。地方議員は，住民から直接選挙で選ばれ，住民のさまざまな意見を政治に生かす活動をしている。地方議会は，地方公共団体独自の法である**条例**を定めたり，予算を議決したりする。条例は，地方公共団体が法律の範囲(はんい)内で自由に制定できる。

集める 身近な地方公共団体では，どのような条例が定められているか，調べましょう。

解答例
・景観条例
・情報公開条例
・名誉市民条例
・迷惑防止条例　など

Q 地方議会の活性化のために，どのようなことが行われているの？

A 地方議会での議論を活発にし，住民により身近な存在にするために，議会基本条例を定めるなど議会改革に取り組む地方公共団体が増えている。北海道芽室町(ほっかいどうめむろちょう)では，会議をインターネットで公開したり，高校生をふくむ町民との意見交換(こうかん)会を開いたうえで町に政策提言する仕組みを作り，大学が調査する議会改革度ランキングで2014年度から５年連続で全国１位になった(2019年現在)。

北海道芽室町以外にも，地方議会の活性化に取り組んでいる地方公共団体を調べてみよう。

2 首長　予算の作成や実行などを行う。

地方公共団体の**首長**が都道府県知事と市(区)町村長であり，住民が直接選挙によって選ぶ。住民が首長と地方議員の２種類の代表を選ぶ**二元代表制**が地方自治の特徴(とくちょう)である。首長は，その地方公共団体の予算を作って地方議会に提出し，地方議会が議決した予算を実行したり，地方公共団体の税金を集めたりする仕事を担当する。国会と内閣のように地方議会と首長も，たがいに抑制(よくせい)し合い，均衡(きんこう)を保っている。

チェック 都道府県や市区町村の，議会や首長が果たしている役割を，本文からぬき出しましょう。

解答例 「地方議会は，地方公共団体の独自の法である条例を定めたり，地方公共団体の予算を議決したりといった仕事を担当します。」「首長は，その地方公共団体の予算を作って地方議会に提出し，地方議会が議決した予算を実行したり，地方公共団体の税金を集めたりする仕事を担当します。」

▼地方自治の主な仕組み

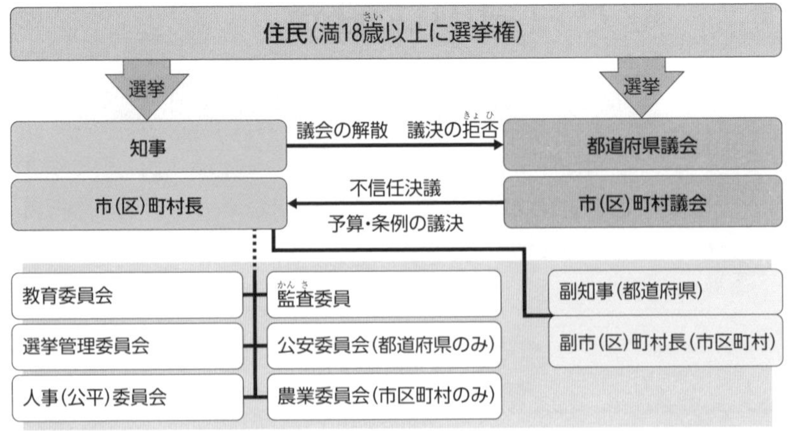

3 直接請求権

条例の制定・改廃の請求，監査請求，議会の解散請求，解職請求

住民の身近な生活に深く関わる地方自治では，住民の意思を強く生かすために，選挙で首長や地方議員を選ぶだけでなく，住民による直接民主制の考え方を取り入れた直接請求権が認められている。首長や議員に仕事を任せられないと判断したら，住民は署名を集めて住民投票を求め，その結果，過半数の賛成があれば，その首長や議員を辞めさせることや，議会の解散(リコール)ができる。また，条例を作ったり廃止したりするように求めることもできる。

▼住民の直接請求権

		必要な署名	請求先	取りあつかい
条例の制定・改廃の請求		(有権者の)1/50以上	首長	首長がそれを議会にかけ，結果を公表する。
監査請求		1/50以上	監査委員	監査の結果を公表する。また，議会や首長などに報告する。
議会の解散請求		1/3以上*	選挙管理委員会	住民投票を行い，その結果，有効投票の過半数の同意があれば解散する。
解職請求	議員・首長	1/3以上*	選挙管理委員会	住民投票を行い，その結果，有効投票の過半数の同意があれば解職される。
解職請求	副知事・副市(区)町村長，各委員	1/3以上*	首長	議会にかけ，3分の2以上の議員が出席し，4分の3以上の同意があれば解職される。

＊有権者数が40万人をこえる場合は，40万人の1/3に，40万人をこえる人数の1/6を足した数以上。有権者数が80万人をこえる場合は，40万人の1/3に，40万人の1/6と80万人をこえる人数の1/8を足した数以上。

トライ 地方自治での二元代表制の特徴を，国の政治とのちがいに着目して説明しましょう。

解答例 国の政治では国民が内閣総理大臣を直接選べないのに対して，地方自治では住民が首長を直接選べるため，地方自治では住民の意見を行政側により強く反映することができる。

3 地方公共団体の課題

●教科書 p.114～115

ここに注目！

1 地方財政の仕組み
地方財政はどのような仕組みになっているの？

2 地方財政の健全化
地方財政は健全化に向けてどのような取り組みをしているの？

3 人口減少と地方創生
地方創生のためにどのような取り組みをしているの？

地方公共団体には，どのような課題があるのかな？

1 地方財政の仕組み

自主財源は地方税など。依存財源は地方交付税交付金，国庫支出金，地方債など。

地方公共団体が収入を得て，それを支出する経済活動のことを**地方財政**という。また，国と地方公共団体（政府）が1年間に使うお金を**歳出**，1年間に得るお金を**歳入**という。地方公共団体の収入には，地方公共団体独自で集める**自主財源**と，国などから支払われる**依存財源**がある。自主財源には，地方公共団体の税金である**地方税**などがある。依存財源には，地方公共団体の間の財政の格差をおさえるために国から配分される**地方交付税交付金**や，教育や道路の整備といった特定の仕事の費用を国が一部負担する**国庫支出金**，地方公共団体の借金である**地方債**などがある。

▼地方財政の仕組み

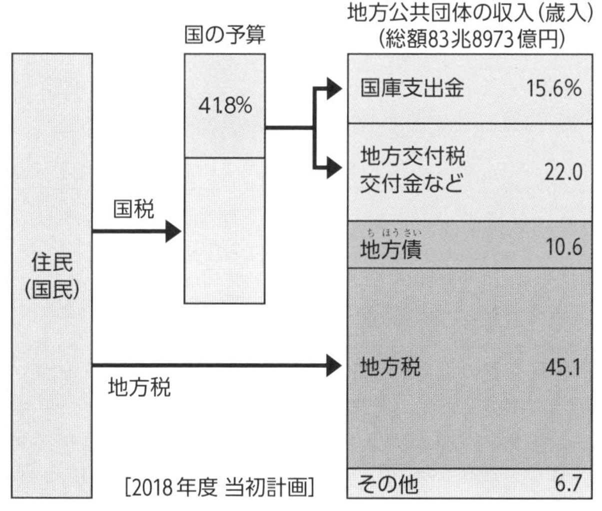

（財務省資料）

チェック 地方公共団体の財政を支える収入を，本文や資料からぬき出しましょう。

解答例 「地方税」「地方交付税交付金」「国庫支出金」「地方債」「熊本城への寄付制度」

2 地方財政の健全化　公務員を少なくしたり，事業を減らしたりする取り組み

地方債の発行が増えすぎると，その返済のために収入のほとんどを使わなければならなくなって，住民の生活に必要な仕事ができなくなるおそれがある。そこで，地方公共団体では，公務員を少なくしたり，事業を減らしたりすることで，財政を立て直す取り組みが行われている。国も，自治体財政健全化法を定めて，財政の状態が悪い地方公共団体に，早い段階で改善を求める仕組みを整えた。

▼地方債の発行残高の推移

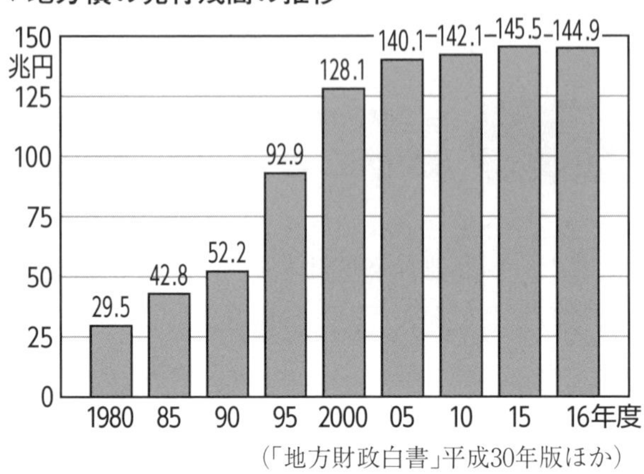

（「地方財政白書」平成30年版ほか）

3 人口減少と地方創生　人口減少を食い止めるさまざまな取り組み

少子化や，地方から都市への人口移動で，多くの地域では急激な人口減少にともなう過疎(かそ)の問題が起こっている。地方公共団体にとっては，働く世代の住民が減ると，地方税の収入が減少し財政が悪化する。人口の減少を食い止め，地方創生を進める，さまざまな取り組みが行われている。

トライ　自分が住む地方公共団体の課題を調べ，解決のために自分にできることを考えましょう。

解答例　（課題）観光地として，町外からの観光者を増やすこと。
（解決のためにできること）町の観光地紹介のWebサイトに，自分で見つけた町の魅力を投稿する。
など

みんなでチャレンジ　地方財政は，その地域の現状や，住民の願いを反映しています。地方財政について，歳出(さいしゅつ)を中心に考えましょう。

(1)1976年から2016年にかけて，～
(2)自分たちの住む市(区)町村の歳出を，～

解答例　(1)民生費の割合が３倍以上，公債費の割合が約２倍増えた。一方，教育費の割合が半分以下に，農林水産業費の割合が約３分の１に減った。
(理由)民生費の割合が増えたのは，高齢化が進み，高齢者にかかる費用が増えたからではないだろうか。反対に教育費の割合が減ったのは，少子化によって子どもの数が減ったからではないだろうか。　など
(2)(省略)

4 住民参加の拡大と私たち

●教科書 p.116～117

ここに注目！

1 住民の声を生かす
地方公共団体は，住民の声を生かすために，どのような工夫をしているの？

2 住民運動の広がり
住民運動はどのように広がっているの？

3 地域の課題と私たち
地域の課題を解決するために，私たちはどうすることが大切なの？

？ 住民の声を生かした政治を実現するために，どのような取り組みがなされているのかな？

1 住民の声を生かす　住民投票，住民の意見を聞く，情報公開制度

地方公共団体には，住民の意見を政治に生かすためのさまざまな工夫(くふう)が見られる。地域の重要な問題について住民投票で住民全体の意見を明らかにする動きがある。また，地方公共団体の政策について，計画や実施(じっし)の段階で，住民の意見を聞いたり，議論を求めたりする場合があったり，住民が地方公共団体の仕事を監視(かんし)できるように，情報公開制度を設けたりしている。

2 住民運動の広がり　町内会による地域の運営，ボランティア，NPO

地域の公共の仕事では，住民が加入する町内会が地域の運営に大きな役割を果たしたり，住民が自発的に地域の活動に参加するボランティアも広がっている。また，公共の利益のために活動するNPO(非営利組織)もあり，1998年には特定非営利活動促進(そくしん)法(NPO法)が作られ，NPOの活動を支援(しえん)する仕組みも整えられた。

3 地域の課題と私たち　私たち一人一人が主体的に考え，行動する。

私たちが住む地域には，さまざまな課題がある。地域の課題を解決し，持続可能な社会を創るためには，私たち一人一人が主体的に考え，行動することが大切である。

集める

身近な地域では，地域の課題を解決するためにどのような取り組みが行われているか，調べましょう。

解答例
・公民館での体験交流会の開催
・保育サービス，一時預かり　など

チェック

住民が，地方公共団体の政治に参加する方法を挙げましょう。

解答例
・住民投票
・地方公共団体の政策について，住民の意見を聞く場に参加する
・少年議会の設置　など

トライ

住民参加が重要な理由を，「民主主義」の観点から説明しましょう。

解答例
住民一人一人が地域の問題に関心を持ち，自分たちで解決していくことが民主主義の基本であるから。

探究のステップ　探究のステップの問いを解決しよう

●教科書 p.120

1節　民主政治では，なぜ政治に参加することが重要なのでしょうか。	(政治参加の方法)選挙での投票(理由１)政治への意見を直接反映することができるから。(理由２)国民一人一人の一票は大切なものだから。 (政治参加の方法)インターネットによる情報収集や意見表明・交換(理由１)対等な立場で意見表明できるから。(理由２)世論を形成する重要な手段だから。 「(民主政治で政治参加が必要とされるのは)一人一人の意見の積み重ねによって社会全体が動いていく(から。)」
2節　国の政治では，なぜ権力の分立が必要なのでしょうか。	(権力の分立がないとどのような問題が起こるか)(立法権)権力者に都合の良い法律が作られてしまう。(行政権)権力者の思うままに政治が行われてしまう。(司法権)権力者の裁量によって裁判が行われてしまう。(他は省略) 「(権力の分立が必要なのは)国の権力が集中することを防ぎ，国民の人権を守ることにつながる(から。)」
3節　人々の声を政治に生かすために，私たちに何ができるでしょうか。	(私たちにできること) ・商店街の店主さんから，お店の魅力について話を聞く。 ・市役所へ，商店街のPRの方法について相談する。 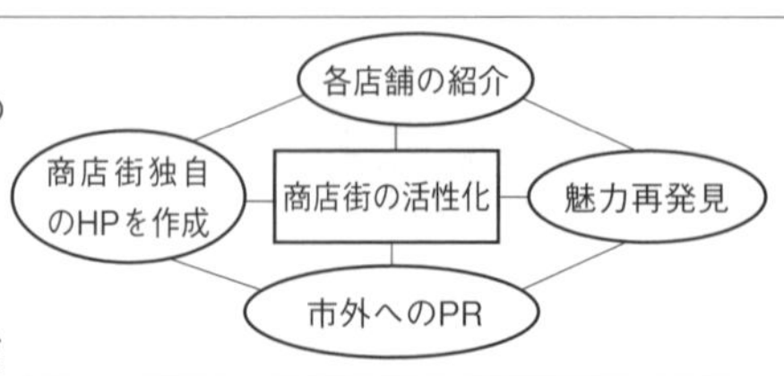 など

基礎・基本のまとめ　第３章の学習をふり返ろう

●教科書 p.121

1 ❶**民主主義**：国民またはその代表者が権力を行使し，国民全体のために政治を行うこと。

❷**選挙**：民主主義における政治参加の方法の一つで，議会の代表者などを投票で選ぶ方法。

❸**小選挙区制**：一つの選挙区で一人の代表を選ぶ選挙制度。

❹**比例代表制**：得票に応じてそれぞれの政党の議席数を決める選挙制度。

❺**政党**：政治によって実現しようとする政策について，同じ考えを持つ人々が作る団体。

❻**世論**(せろん)：多くの人々が共有している意見。

❼**メディアリテラシー**：報道などをさまざまな角度から批判的に読み取る力。

❽**国会**：国権の最高機関，唯一(ゆいいつ)の立法機関であり，選挙で選ばれた国会議員によって，国民の生活に関する重要な問題の審議(しんぎ)が行われ，決められる。

❾**衆議院**：日本の国会の一つの議院。衆議院議員の任期は４年で，解散がある。

❿**参議院**：日本の国会の一つの議院。参議院議員の任期は６年で，３年ごとに半数を改選する。解散はない。

⓫**二院制**：日本の国会は衆議院と参議院の二院で構成されている。衆議院と参議院の議決が一致(いっち)すると国会の議決になる。

⓬**立法**：法律を制定すること。

⓭**衆議院の優越**：衆議院の議決が参議院の議決よりも優先されること。衆議院の優越が認められるものとしては，予算の先議・議決，条約の承認(しょうにん)，内閣総理大臣の指名，法律案の議決，内閣不信任の決議がある。

⓮**行政**：法律で定められた物事を実施(じっし)すること。

⓯**弾劾裁判所**(だんがい)：本来の務めを果たさなかったり，ふさわしくない行いをしたりした裁判官を辞(や)めさせるかどうかを判断する機関。

⓰**内閣**：行政機関の仕事を指揮監督する機関。内閣総理大臣とその他の国務大臣とで構成される。内閣は閣議を開いて，行政の仕事に関する物事を決める。

⓱**内閣総理大臣**：内閣の首長。国会議員の中か

ら選ばれる。首相ともよばれる。

⑱**議院内閣制**：国会の信任に基づいて内閣が作られ，内閣が国会に対して連帯して責任を負う仕組み。

⑲**司法**：法を基準として，社会の争いや事件を解決することで，国民の権利を守り，社会の秩序を保つこと。

⑳**裁判所**：司法(裁判)の仕事を行う機関。

㉑**三審制**：一つの内容について３回まで裁判を受けられる仕組み。第一審の判決が不服な場合は，第二審の裁判所に控訴し，さらにその判決にも従えなければ，第三審の裁判所に上告することができる。

㉒**司法権の独立**：国会や内閣は裁判所に干渉してはならず，また，一つ一つの裁判では，裁判官は自分の良心に従い，憲法と法律だけにしばられるという原理。

㉓**民事裁判・刑事裁判**：民事裁判は，私人の争いについての裁判であり，このうち国や地方公共団体を相手にした裁判を行政裁判とよぶ。刑事裁判は，殺人などの犯罪について，有罪か無罪かを決める裁判である。

㉔**裁判員制度**：国民が裁判員として，重大犯罪についての刑事裁判の第一審に参加する制度。一つの事件の裁判を，原則として６人の裁判員と３人の裁判官が協力して行う。

㉕**三権分立**：国の権力を立法権，行政権，司法権に分け，それぞれ国会，内閣，裁判所に担当させる仕組み。三権がたがいに行きすぎを抑制し合い，均衡を保つことによって，国の権力が集中することを防ぎ，国民の人権を守っている。

㉖**国民審査**：最高裁判所の裁判官に対して任命が適切かどうかを国民が直接審査する制度。

㉗**違憲審査(制)**：国会が制定した法律や，内閣が作る命令，規則，処分が憲法に違反していないかを，具体的な事件の裁判を通して審査する制度。

㉘**地方公共団体**：地域を運営する主な場。

㉙**地方自治**：住民自身が，国から自立した地方公共団体を作って地域を運営していくこと。

㉚**地方議会**：住民から直接選挙で選ばれた地方議員で構成され，条例の制定や予算の議決などを行う機関。

㉛**条例**：地方公共団体独自の法。

㉜**首長**：地方公共団体の長。都道府県知事と市(区)町村長。

㉝**直接請求権**：住民による直接民主制の考え方を取り入れた権利。条例の制定・改廃の請求，監査請求，議会の解散請求，解職請求がある。

㉞**地方財政**：地方公共団体が収入を得て，それを支出する経済活動。収入には自主財源と依存財源がある。

2 ア　三権分立　イ　立法　ウ　国会
エ　衆議院　オ　参議院　カ　二院制
キ　内閣総理大臣　ク　内閣　ケ　行政
コ　議院内閣制　サ　弾劾裁判所
シ　違憲審査(制)　ス　司法
セ　裁判所　ソ　司法権の独立　タ　選挙
チ　世論　ツ　国民審査　テ　地方自治
ト　首長　ナ　地方議会　ニ　条例
ヌ　民主主義

まとめの活動　S市の市長になって条例を作ろう

●教科書 p.122～123

右ページ(教科書p.123)の～
(1)あなたが考える～／(2)下のS市の～／(3)課題を解決し～／(4)(3)の解決策を～／(5)あなたが～

解答例 (1)(2)教科書p.123のりこさんの考察の例を参考にしながら，自分の考えをまとめる。(3)(4)(5)(省略)

解法のポイント! 定期テスト完全攻略！

❶ 民主政治について，次の問いに答えなさい。

問1　代表者を選挙で選び，その代表者が議会に集まり話し合って物事を決めていくというやり方を何というか，書きなさい。　(　　　　　　　　)

問2　採決で，賛成者が多いほうの意見を最終的な結論とするという決め方を何というか，書きなさい。　(　　　　　　　　)

問3　問2の方法で決定を行う前には十分な話し合いが必要であるが，その際大切なことは何か，簡潔に書きなさい。　(　　　　　　　　)

❷ 日本の選挙制度について，次の問いに答えなさい。

問1　次の①～④の文中の空欄(くうらん)にあてはまる数字または語句を書きなさい。

① 現在の選挙は，普通(ふつう)選挙，(　　　　　　)選挙，直接選挙，秘密選挙の四原則の下で行われている。

② 選挙権年齢は，公職選挙法で満20歳(さい)以上と定められてきたが，法律が改正され，2016年6月以降は，満(　　　　　)歳以上になった。

③ 日本の選挙制度では，衆議院議員を選ぶ選挙は，小選挙区制と比例代表制を組み合わせた(　　　　　)制で行われている。

④ 参議院で採用されている比例代表制は，有権者が(　　　　　)名か立候補者名のどちらかを書いて投票する，非拘束名簿式が採られている。

問2　小選挙区制と比較したときの比例代表制の長所を，「死票」という言葉を用いて，簡潔に説明しなさい。(　　　　　　　　)

問3　右の資料は，2014年の衆議院議員選挙における二つの小選挙区の有権者数を示したものである。このとき東京(とうきょう)1区における一票の価値は，宮城(みやぎ)5区と比較してどのようになっているか，簡潔に説明しなさい。

(　　　　　　　　)

資料

選挙区	有権者数(人)
東京1区	495,724
宮城5区	231,668

❸ 右の資料は，国民の政治参加の方法を整理したものの一部である。これを見て，次の問いに答えなさい。

資料

- (　A　)での投票　・政党の活動への参加
- マスメディアの世論(せろん)づくりへの参加
- (　B　)(利益集団)の活動への参加
- インターネットによる情報収集など

問1　資料中の空欄A，Bにあてはまる語句を書きなさい。

A(　　　　　)　B(　　　　　)

問2　資料中の下線部について，マスメディアから発信される情報に対して，私たちが情報の受け手として求められる力を，カタカナ9字で書きなさい。　(　　　　　　　　)

❶ 解答

問１　議会制民主主義
問２　多数決
問３　(例)　少数意見を尊重すること

ココがポイント！

問１　代表者を選挙で選ぶ間接民主制では，代表者が主に議会に集まって話し合うため，議会制民主主義ともいわれる。
問２　多数決で決められたことが必ずしも「正しいこと」とイコールではない。
問３　「少数意見を尊重する」とは，少数者を無視できない存在として相応のあつかいをすることである。

❷ 解答

問１　①平等
②18
③小選挙区比例代表並立
④政党
問２　(例)　比例代表制のほうが死票が少ない傾向にあり，少数意見が反映されやすい。
問３　(例)　宮城５区の１票よりも価値が低くなっている。

ココがポイント！

問１　①選挙の四原則は普通・平等・直接・秘密選挙である。②2015年の公職選挙法などの改正により選挙権年齢は満18歳以上になった。③衆議院の小選挙区比例代表並立制は，定数で小選挙区289，比例代表176と，小選挙区制にやや比重がかかっている。④得票数に応じて議席を配分する点では同じだが，衆議院の場合は，政党名で投票するのに対して，参議院の比例代表制の場合は，有権者が政党名，立候補者名のどちらかを書いて投票する。
問２　「死票」とは，議席を獲得できなかった政党や候補者に投じられた票のことである。選挙区から一人の代表を選出する小選挙区制より，比例代表制のほうが死票が少ない傾向にあり，少数意見が反映されやすいといえる。
問３　東京１区の１票の価値は，宮城５区を１票とした場合の0.47票分しかないことになる。

❸ 解答

問１　Ａ：選挙
Ｂ：圧力団体
問２　メディアリテラシー

ココがポイント！

問１　選挙で投票することは重要な政治参加の方法である。議員や政党などに働きかけて，自分たちの団体の利益を図るのが圧力団体である。経営者団体，労働組合など大きな集団を組織して政治に影響(えいきょう)力をおよぼす。
問２　情報を批判的に読み取る力(メディアリテラシー)は，インターネットの普及(ふきゅう)で重要性が増している。

❹ 衆議院の優越について，次の問いに答えなさい。

問1　衆議院の優越が認められていないものを，次のア〜エから一つ選び，記号で答えなさい。（　　）

ア　国政調査権　　イ　予算の議決　　ウ　条約の承認　　エ　内閣不信任の決議

問2　衆議院で可決し参議院がこれと異なる議決をした法律案は，その後どのように取りあつかわれるか。次のア〜エから適切なものを一つ選び，記号で答えなさい。（　　）

ア　衆議院が出席議員の過半数で再可決したとき法律となる。

イ　衆議院が出席議員の３分の２以上の多数で再可決したとき法律となる。

ウ　衆議院の議決後，参議院が10日以内に議決をしないとき法律となる。

エ　衆議院で可決し，参議院が議案受け取り後30日以内に議決しないとき法律となる。

問3　右の資料をふまえて，国会の議決で衆議院の優越が認められている理由を書きなさい。

（　　　　　　　　　　　　　　　　　　　　）

資料

	衆議院	参議院
任期	４年	６年
解散	あり→解散	なし

❺ 右の資料を見て，次の問いに答えなさい。

問1　資料のように，国会と内閣が連帯して責任を負う仕組みを何というか，書きなさい。（　　　　）

問2　資料中の空欄Ａ〜Ｅにあてはまる語句を，次のア〜オから一つずつ選び，記号で答えなさい。

ア　内閣総理大臣　　　　イ　過半数

ウ　衆議院の解散の決定

エ　内閣信任・不信任の決議　　オ　選挙

Ａ（　　）　Ｂ（　　）　Ｃ（　　）

Ｄ（　　）　Ｅ（　　）

資料

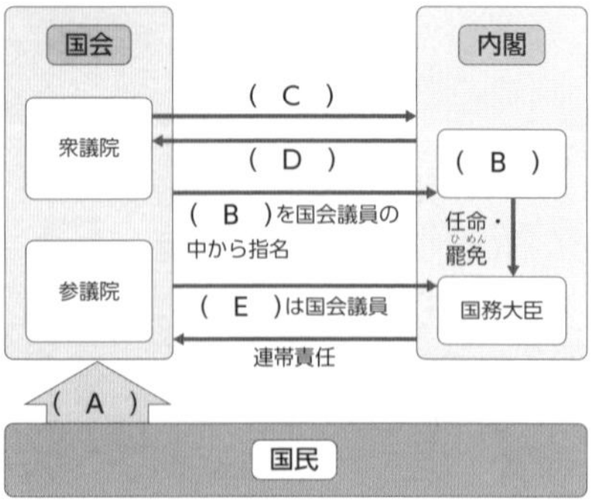

問3　内閣の仕事でないものを，次のア〜エから一つ選び，記号で答えなさい。（　　）

ア　閣議の開催　　イ　条約の締結　　ウ　予算の作成　　エ　行政裁判の実施

❻ 次の問いに答えなさい。

問1　日本国憲法の定めからみて正しいものを，次のア〜エから二つ選び，記号で答えなさい。（　　）（　　）

ア　裁判官は，自らの良心に従い，日本国憲法および法律のみに拘束される。

イ　被告人は，自白を唯一の証拠として有罪になることがある。

ウ　警察官は，現行犯の場合を除き，裁判官が出す令状がなければ逮捕はできない。

エ　被疑者は，自分に不利益な場合も必ず供述しなければならない。

問2　最高裁判所が「憲法の番人」と呼ばれている理由を説明しなさい。

（　　　　　　　　　　　　　　　　　　　　）

❹ 解答

問1　ア
問2　イ
問3　(例)　衆議院は，，参議院より任期が短く解散もあるので，より民意との結び付きが強いと考えられるから。

ココがポイント！

問1　国政調査権は，衆誂院と参議院の両院にあたえられている。
問2　アの出席議員の過半数は，通常の議事の，ウは内閣総理大臣の指名の，エは予算の議決と条約の承認の場合の取りあつかいである。
問3　両院が反対の議決ばかりで何も決まらなくなってしまうことを避けるための制度が衆議院の優越である。衆議院は参議院よりも任期が短く，解散があることによって，国民の意見をより強く反映すると考えられる。

❺ 解答

問1　議院内閣制
問2　A：オ
　B：ア
　C：エ
　D：ウ
　E：イ
問3　エ

ココがポイント！

問1　資料中の連帯責任の矢印から，議院内閣制であることがわかる。立法と行政の関係では，議院内閣制と大統領制という二つの仕組みがあったことを思い出し，それぞれの仕組みを対比させて特徴(とくちょう)を整理しておくとよい。
問2　日本の議院内閣制は，内閣が国会の信任に基づいて成立し，国会に対して連帯して責任を負う仕組みである。
問3　エの行政裁判は，内閣ではなく，裁判所の仕事である。

❻ 解答

問1　ア，ウ
問2　(例)　法律などが合憲か違憲かについて最終的に決定する権限を持っているから。

ココがポイント！

問1　アは日本国憲法第76条③，ウは第33条の規定である。イ，エについては，憲法で保障されている「身体の自由」に反する。
問2　日本の全ての裁判所に違憲審査(しんさ)権がある。その中で特に最高裁判所は，法律などが合憲か違憲かについて最終的に決定する権限を持っていることから「憲法の番人」と呼ばれている。

❼ 日本の司法制度について述べた次の文を読み，右の図を見て，あとの問いに答えなさい。

裁判には民事裁判と(　A　)裁判があり，右の図は重大な犯罪事件の(　A　)裁判における第一審の法廷の様子を示している。国民が(　B　)として参加する制度は，司法制度改革の一つとして2009年から始められた。(　B　)は裁判官とともに被告人の有罪・無罪を審理し，有罪であれば刑罰の内容を決める。

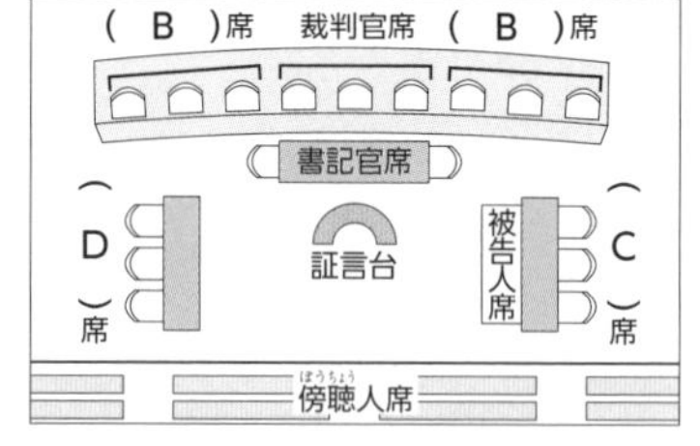

問1　文中の空欄A，Bにあてはまる語句を書きなさい。A(　　　　　)　B(　　　　　)

問2　図中の空欄Cには被告人の利益を守る役割の人が，空欄Dには法廷で証拠に基づいて被告人の有罪を主張する役割の人が着席する。C，Dにあてはまる語句を書きなさい。

C(　　　　　)　D(　　　　　)

❽ 国会，内閣，裁判所の抑制と均衡の関係を示した右の図を見て，次の問いに答えなさい。

問1　図中の空欄A～Eにあてはまるものを，次のア～オから一つずつ選び，記号で答えなさい。

ア　内閣総理大臣の指名
イ　弾劾裁判所の設置
ウ　最高裁判所長官の指名
エ　命令，規則，処分の違憲・違法審査
オ　衆議院の解散の決定

立法権 国会
行政権 内閣
司法権 裁判所
国民
(　D　)
(　B　)
(　A　)
法律の違憲審査
選挙
世論
国民審査
(　E　)
(　C　)

A(　　　)　B(　　　)　C(　　　)　D(　　　)　E(　　　)

問2　図中の国民審査は，国民が裁判所に対して持つ権限である。国民は裁判所に対して，何を審査するのか，書きなさい。　(　　　　　　　　　　　　)

❾ 次の問いに答えなさい。

問1　図中の空欄A，Bにあてはまる権限を，次のア～エから二つずつ選び，記号で答えなさい。

ア　予算・条例の議決　　イ　議会の解散
ウ　不信任決議　　　　　エ　議決の拒否

A(　　　)(　　　)　B(　　　)(　　　)

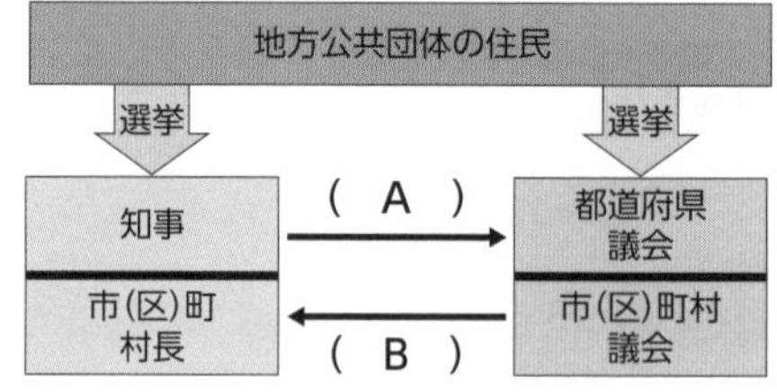

問2　次の文中の空欄A，Bにあてはまる語句または数字を書きなさい。

地方公共団体の住民の直接請求権のうち，議会の解散請求の提出には，人口15万人，有権者数12.3万人のX市の場合，(　A　)万人以上の署名数が必要になる。解散請求の署名提出後に行われる住民投票では，有効投票数の(　B　)の賛成で解散が成立する。

A(　　　　　)　B(　　　　　)

❼ 解答

問１　A：刑事
　　　B：裁判員
問２　C：弁護人
　　　D：検察官

ココがポイント！

問１　裁判員が参加する裁判は，重大な犯罪事件の刑事(けいじ)裁判である。裁判員制度が導入されたのは，国民が裁判に参加することにより，裁判に国民の視点や感覚を反映させるという理由があったこともおさえておきたい。

問２　弁護人は民事裁判でも原告や被告の利益を守る活動をする。検察官は警察と協力して捜査(そうさ)活動も行う。

❽ 解答

問１　A：オ
　　　B：イ
　　　C：エ
　　　D：ア
　　　E：ウ
問２　㊓　最高裁判所の裁判官が適任かどうかを審査する。

ココがポイント！

問１　図中の矢印の向かう方向が抑制の働きを表している。

問２　主権者である国民の司法権に対するコントロールが国民審査制で，最高裁判所の裁判官が適任かどうかを審査する。ただし，国民審査制を生かすには，国民が最高裁判所の裁判に関心を持ち，裁判官一人一人がどのような考えの下(もと)に判決を下したかという情報を持っていることが必要である。

❾ 解答

問１　A：イ，エ
　　　B：ア，ウ
問２　A：4.1
　　　B：過半数

ココがポイント！

問１　二元代表制が地方自治の特徴(とくちょう)である。地方公共団体の首長と地方議会の関係は，国の議院内閣制と対比させて整理しておくとよい。

問２　解散請求には有権者数の３分の１以上の署名数が必要であるため，X市の場合の必要署名数は4.1万人以上である。議会は署名提出後の住民投票で，有効投票の過半数の賛成があれば解散する。

導入の活動　コンビニエンスストアの経営者になってみよう

●教科書 p.128〜129

みんなでチャレンジ　あなたは，コンビニエンスストアを出店する資金として500万円を持っています。

(1)Ａ市，Ｂ市，Ｃ市のどこに出店するか，理由もふくめて考えましょう。その際，教科書p.128の表(マトリックス)を使って，さまざまな立場の人の視点で整理しましょう。空欄(くうらん)に，○×△のいずれかで記入しましょう。

(2)(1)で選んだ市に出店するコンビニエンスストアでは，どのような商品を主力にすれば売り上げをのばせるでしょうか。理由もふくめて考えましょう。

(3)出店場所や主力商品について,「効率」「公正」の観点などから，グループで話し合いましょう。

(4)グループでまとめたそれぞれの考えを，クラスで発表し合いましょう。

(5)(3)と(4)を参考にして，出店場所や主力商品について，自分の考えをまとめ直しましょう。

解答例　(1)人口増加が見こめ，通行量が多く，客数も多いため，Ｃ市の駅前に出店するのがよい。

	経営者の視点			客の視点	店員の視点	
	平均客数	平均客単価	平均売上額	出店要望の強さ	最低時給	労働環境(かんきょう)
Ａ市への出店	×	○	×	×	×	○
Ｂ市への出店	△	×	△	△	△	△
Ｃ市への出店	○	△	○	○	○	×

(2)通勤者や通学者が多いため，お弁当やおにぎり，ペットボトル飲料を主力商品にするのがよい。

(3)(4)(5)(省略)

これからの社会で，私たちはどのように経済に関わっていくべきでしょうか。

探究のステップ　気付いたことを出し合おう

1節 ☑ 買い物（消費活動）で，なぜ消費者の自立が求められているのでしょうか。

2節 ☑ 生産活動では，なぜ労働者の権利を保障することが重要なのでしょうか。

3節 ☑ 金融(きんゆう)の働きは，なぜ私たちの生活にとって重要なのでしょうか。

4節 ☑ 国民の福祉(ふくし)にとって，なぜ財政が重要なのでしょうか。

5節 ☑ 経済は，私たちに何をもたらしているのでしょうか。

1節 消費生活と市場経済

☑ 買い物（消費活動）で，なぜ消費者の自立が求められているのでしょうか。

1 私たちの消費生活

●教科書 p.130～131

ここに注目！

1 私たちの消費生活と経済	2 家計の収入と支出	3 希少性とは	4 商品の選択とより良い消費生活
消費生活と経済とは，どのような関係があるの？	家計の収入，支出とは何？	希少性とはどのような意味なの？	どのような消費生活が求められているの？

？ 私たちの消費生活は，経済とどのように関わっているのかな？

1 私たちの消費生活と経済

経済は，生産と消費を通じて，暮らしを便利で豊かにする仕組み

私たちは，さまざまな商品を購入して生活している。商品は，形のある財と形の無いサービスとに分かれる。私たちが消費する財やサービスは，農家や工場，商店などで生産され，生産と消費とは，商品とお金のやりとりでつながっている。このように，生産と消費を通じて，暮らしを便利で豊かにする仕組みを経済という。

2 家計の収入と支出

家計は，お金が入ってくる収入と，それを使う支出とで成り立つ。

消費生活の単位を家計という。家計は，お金が入ってくる収入と，それを使う支出とで成り立つ。支出のうち，食品や衣類，娯楽，教育，医療などに対する支出を消費支出，税金や社会保険料などを非消費支出という。収入から消費支出と非消費支出を引いた残りを貯蓄という。

3 希少性とは

求める量に対して商品の量が不足した状態

求める量に対して商品の量が不足した状態を，希少性があるという。

4 商品の選択とより良い消費生活

計画的なより良い消費生活が求められている。

一定の収入や時間の中で，必要な商品を選択しなければならない。代金の支払いには，現金以外に，電子マネーやプリペイドカード，クレジットカードなどが利用できる。私たちには，計画的なより良い消費生活が求められている。

見方・考え方 (1)「空気」～ (2)あなた～

解答例 (1)空気の希少性は低い。(2)宇宙では，空気の希少性は高くなる。

考える あなたが洋服を購入する場合～

解答例 (1)から(7)を重視する順番に並べかえて，グループの中で順番を比較する。

チェック 私たちが日常生活の中で～

解答例 ・コンビニで飲食物を買う。　など

トライ より良い消費生活を～

解答例 一定の収入や時間の中で，計画的に必要な商品を選択することが必要である。

第4章 私たちの暮らしと経済

2 契約と消費生活

●教科書 p.132〜133

ここに注目！

1 消費者主権
消費者主権とはどのようなこと？

2 契約と消費生活
契約とは何？ 契約と消費生活とはどのような関係があるの？

3 消費者問題の発生
消費者問題とは何？

? 私たち消費者にとって，契約(けいやく)とは何かな？

考える (1)Ⓐから Ⓔに〜 (2)契約といえる〜 (3)私たちの日常生活〜

解答例 (1)ⒶⒷⒹⒺ
(2)Ⓐ発券機に切符の代金を入れてボタンを押したとき
Ⓑ曲の購入ボタンを押したとき
Ⓓ電話で注文したとき
Ⓔ自動販売機にお金を入れてボタンを押したとき
(3)・コンビニやスーパーで食料品を買うこと。
・学習塾やスイミング教室に通うこと。　など

考える 次の(1)から(3)の場合，〜

解答例 (1)(2)自分の都合だけを理由に，返品することはできない。
(3)本物だと思って買った場合は，偽物を売った相手に非があるので，返品できる。

1 消費者主権

消費者が自分の意思と判断で，適切な商品を自由に選んで購入することが必要である。

私たちは，毎日のように多くの商品を購入(こうにゅう)し，消費している消費者である。買い物をするときに，広告の情報を信用して購入した結果，問題が起こることがある。消費者が自分の意思と判断で，適切な商品を自由に選んで購入する，消費者主権の実現が必要である。

2 契約と消費生活

売買におけるたがいの合意が契約であり，契約の内容や方法は基本的に自由である。

私たちの消費生活は，何をいくらで売買するかという，たがいの合意である契約(けいやく)によって成り立っている。だれと，どのような内容の契約を，どのような方法で結ぶのかは，基本的に自由であり，これを契約自由の原則という。

ただし，一度契約を結ぶと，たがいにそれを守る義務が生まれ，一方が勝手な理由で契約を取り消すことは，原則として許されない。

▼契約とは

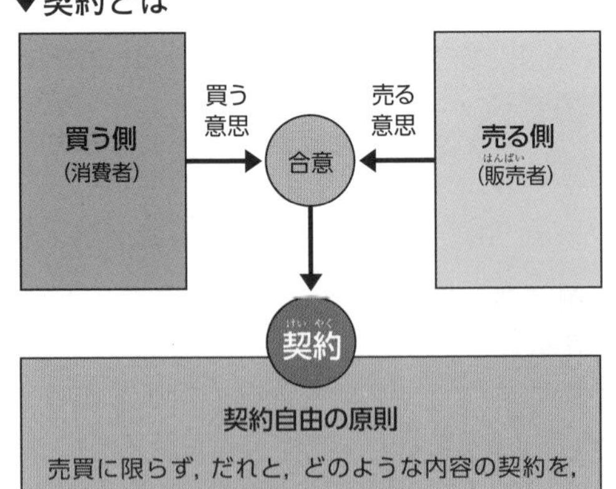

3 消費者問題の発生

生産者や販売者より不利な立場にあることで，消費者が不利益を受けることがある。

ある商品を売買するとき，売る側はその商品の知識や情報を十分に持っているが，買う側である消費者はそうした知識や情報がないため，売る側が示す情報が正しいかを判断することは困難である。このように，生産者や販売者と比べて不利な立場にあることによって，消費者が不利益を受ける消費者問題が起こることがある。健康被害(ひがい)や欠陥(けっかん)住宅，詐欺(さぎ)などの消費者問題の多くが，うその情報で起こっている。売る側には正確な情報を十分に知らせることが求められ，また，国や地方公共団体が消費者主権を推進することも重要である。

契約を結ぶときには，内容を慎重(しんちょう)に検討することが必要です。

チェック　消費者主権とは，どのようなことを意味しているか，本文からぬき出しましょう。

解答例　「消費者が自分の意思と判断で，適切な商品を自由に選んで購入する」

読み取る　私たちは，さまざまな広告で情報を得ながら，商品を購入しています。広告はどのように工夫されているか，読み取りましょう。

(1)Ⓐと Ⓑは，スーパーマーケットと学習塾の広告の例です。消費者の関心をひき，商品を買ってもらうために，それぞれどのように工夫されているか，読み取りましょう。

(2)私たちが広告から情報を得るときにどのような点に気をつけたらよいか，グループで話し合いましょう。

解答例

(1)Ⓐ

・「激安市」という見出しで，安さを最も強調している。

・「半額」マークが目立つデザインで作られている。

・特価のものを目立つデザインで示している。

Ⓑ

・「個別指導」を最も目立たせている。

・学習塾の生徒がどんな姿勢で学んでいるかがイメージできるように，写真(イラスト)を大きく掲載している。

・学習塾名がすぐにわかるように強調している。

・合格実績を載せて，指導が信頼できることをアピールしている。

(2)広告で強調されている事柄が，本当なのかどうかを，他の広告と見比べながら確認することが必要である。　など

トライ　契約を結ぶ際に注意すべき点について，次の語句を使って説明しましょう。[自由／義務]

解答例　だれと，どのような内容の契約を，どのような方法で結ぶのかは，基本的に自由であるが，一度契約を結ぶと，たがいにそれを守る義務が生まれ，一方が勝手な理由で契約を取り消すことは，原則として許されない。そのため，契約を結ぶ際には，内容を慎重に検討する必要がある。

●教科書 p.134〜135

3 消費者の権利を守るために

ここに注目！

1 消費者の権利	2 日本の消費者問題への対応	3 自立した消費者
消費者の権利を保障するのはなぜ？	日本では，消費者問題に対してどのように対応しているの？	自立した消費者として，何が必要なの？

？ 消費者はどのような権利が保障され，その代わりに，どのような責任を果たす必要があるのかな？

1 消費者の権利

健康で文化的な生活を送るために，消費者の権利が保障される。

1960年代のアメリカで，健康で文化的な生活を送るためには，消費者の権利をしっかり保障することが必要だという考えが強まった。

2 日本の消費者問題への対応

クーリング・オフ制度，製造物責任法，消費者契約法などの制定，消費者庁の設置

日本では，1960年代に消費者問題が大きな社会問題になった。訪問販売(はんばい)や電話勧誘(かんゆう)などで商品を購入(こうにゅう)した場合に，購入後８日以内であれば消費者側から無条件で契約(けいやく)を解除できるクーリング・オフ制度をはじめ，消費者を保護する仕組みも整えられた。その後，欠陥(けっかん)商品で消費者が被害(ひがい)を受けたときの企業(きぎょう)の責任について定めた製造物責任法(PL法)や，契約上のトラブルから消費者を保護する消費者契約法などの法律も制定された。2009年には，政府のさまざまな省庁が行っていた消費者政策をまとめて行う消費者庁が設置された。

3 自立した消費者

自分で知識・情報を集め，的確な判断に基づいて行動する必要がある。

1968年に制定された消費者保護基本法は，2004年に改正されて，消費者基本法になった。消費者基本法では，消費者の権利を明確に規定し，国や地方公共団体の責務として，法律や制度の整備や情報開示の推進によって，消費者が自立した消費生活を送れるよう支援(しえん)することを定めた。私たちも自立した消費者として，自分で知識や情報を集め，的確な判断力を養い，その判断に基(もと)づいて行動する必要がある。また，資源の節約や，環境(かんきょう)への配慮(はいりょ)を心がける責任もある。

集める (1)7の〜 (2)身の回り〜

解答例 (1)インターネットで環境省の「環境ラベル等データベース」で検索して調べてみましょう。
(2)文房具や日用品，家電製品などに注目してみましょう。

考える 133ページ3の二つの〜

解答例 Ⓐの広告では，食材がいたんでいたときの返品について述べられていない(「安全の確保」が反映されていない)。返品を受け付けることを広告に表示する。 など

チェック 消費者の権利を守るための〜

解答例 「クーリング・オフ制度」「製造物責任法(PL法)」「消費者契約法」「消費者保護基本法」「消費者基本法」

トライ 自立した消費者である〜

解答例 自分で知識・情報を集め，的確な判断に基づいて行動する必要がある。また，資源の節約や，環境への配慮を心がける責任もある。

●教科書 p.138〜139

4 消費生活を支える流通

ここに注目！

1 商品が消費者に届くまで
商品は，どのような流れで消費者に届くの？

2 商業の役割
商業はどのような役割を果たしているの？

3 流通の合理化
流通の合理化とは，どのようなこと？

？ 商品はどのようにして消費者のもとへ届くのかな？

1 商品が消費者に届くまで

卸売業者や小売業者などを経て，消費者に届く。

商品が消費者に届くまでの流れを，商品の流通という。商品の流通を専門的に行い，商品の売買で利益を上げる業種を商業という。

▼野菜が消費者に届くまでの流通の働き

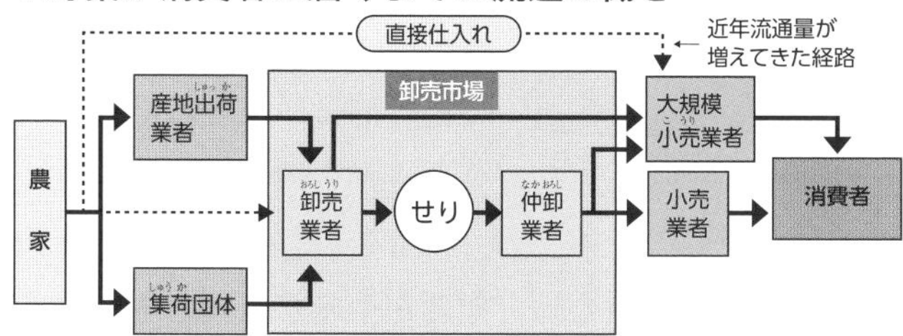

2 商業の役割

自分で商品の生産地を調べたり，運んだりする手間や費用を省いてくれる。

卸売業や小売業などの商業の活動は，自分で商品の生産地などについて調べる手間や，商品を運んでくる費用などを省くうえで，重要な役割を果たしている。

3 流通の合理化

流通の仕組みを単純化して，流通にかかる労力や費用をおさえること

流通の仕組みが複雑になると，効率的でなく，費用も多くかかる。卸売業者や小売業者は，労力や費用をおさえるために，流通の合理化を図(はか)っている。近年では，原材料の入手から，生産，商品の貯蔵，配送，販売までの物流をコンピューターで効率よくまとめて管理できるようになった。売る側と買う側とをインターネットで直接結ぶインターネット・ショッピングは，流通の経路を短縮するだけでなく，商品を保管する費用を大幅(おおはば)に削減できるため，広く利用されている。

考える (1)1と2は，〜 (2)4のⒶから〜

解答例 (1)1卸売市場，2大規模小売業者
(2)Ⓐそれぞれの間で商品を運ぶ／Ⓑ各業者で野菜を保管する／Ⓒ各業者が商品の損失の補償を受けられるようにする／Ⓓ農家，各業者が，その先の業者や消費者に野菜を購入してもらうために宣伝する

チェック 身近な地域に〜

解答例 地域にある運送会社とその営業所の場所を挙げる。

トライ 「流通の合理化」とは〜

解答例 流通の仕組みを単純化して，流通にかかる労力や時間，費用をおさえること。

見方・考え方 インターネット・ショッピングの〜

解答例 (長所)流通にかかる費用の削減により，商品が消費者に届くまでの時間が短縮され，商品の値段も安くなる。(短所)インターネットの通信環境の有無で，サービスを受けられる人と受けられない人の格差が生じてしまう。

2節 生産と労働

☑ 生産活動では，なぜ労働者の権利を保障することが重要なのでしょうか。

1 生産活動と企業

●教科書 p.140～141

ここに注目！

1 分業と交換
私たちの消費生活では，何が行われているの？

2 企業の生産活動と資本主義経済
資本主義経済とはどのような仕組み？

3 技術革新と知的資源
技術革新をもたらすものは何？

？ 私たちの生活に必要な物は，どのように生産されるのかな？

見方・考え方 教科書p.140**2**のイラストを見て，それぞれの段階で「効率」的になってきたのはどのような点か，挙げましょう。

解答例 （上から中への段階）・採るのが苦手な物を自分でとらずに，採るのが得意な人が採った物と，自分で採るのが得意な物を交換している点。
（中から下への段階）・自分で採ることができない物を，お金を支払って買っている点。
・買う人は，自分が採った物を持ち運ぶ必要がない点。

1 分業と交換

最も得意な物を専門的に生産する分業，自分の物と他者が生産した物との交換

財やサービスを，私たち自身が全て生産するのは，時間や技術の面で困難である。そのため，自分の最も得意な物を専門的に生産する分業が行われ，自分の物と他者が生産した物とを交換（こうかん）することで，生活を成り立たせている。

現在の私たちの消費生活は，お金で財やサービスを買うことがほとんどである。また，こうした財やサービスの生産は，多くが生産を目的に組織された企業（きぎょう）が担当している。

▼企業の生産活動と，分業と交換（ケーキ屋の例）

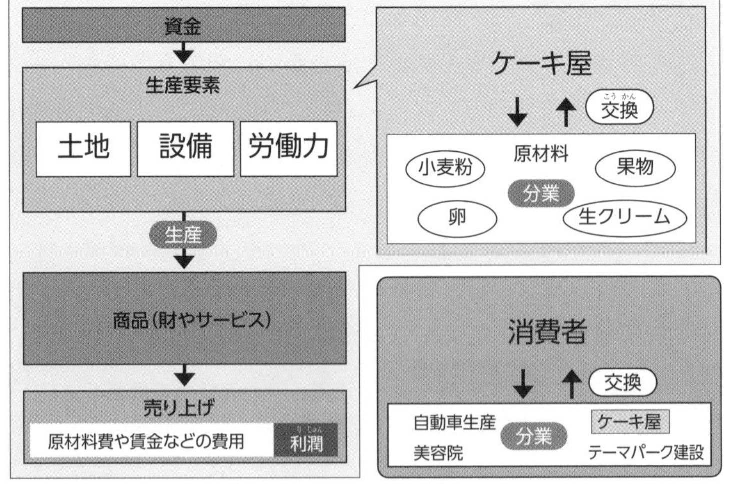

考える

教科書p.141 3 の企業を 1 のⒶ，Ⓒ，Ⓓの企業で考えた場合，「土地」「設備」「労働力」「商品」は何に当たるか，考えましょう。

解答例 Ⓐ（自動車工場）：（土地）工場用地，（設備）自動車の組み立て設備，（労働力）工場の労働者，（商品）自動車
Ⓒ（美容院）：（土地）店舗用の土地，（設備）美容に必要な道具・設備，（労働力）美容師，（商品）美容技術・接客サービス
Ⓓ（遊園地）：（土地）遊園地の用地，（設備）娯楽施設，（労働力）遊園地の従業員，（商品）娯楽のサービス

2 企業の生産活動と資本主義経済
資本がお金から三つの生産要素，商品へと形を変えながら，利潤を生み出す経済の仕組み

企業の生産活動は，土地・設備・労働力という三つの生産要素を組み合わせて商品を生産し，販売（はんばい）することで収入を得る。収入から必要経費を引いた残りが利潤（りじゅん）になる。このように資本が，お金（資本金）から三つの生産要素，そして商品へと形を変えながら，利潤を生み出す経済の仕組みを資本主義経済という。

3 技術革新と知的資源
魅力的な財やサービス，効率的な生産方法を生みだすための研究

企業は，利潤を大きくするために，魅力（みりょく）的な財やサービスを生産して売り上げをのばし，生産の必要経費をできるだけ減らすことを目指す。魅力的な財やサービス，効率的な生産方法を生みだす研究は技術革新をもたらし，研究過程でたくわえられた新しいアイディアなどの知的資源も，企業の競争力にとって重要になる。

企業は，魅力的な財やサービスを生産するために，さまざまな工夫をしているといえます。

チェック

私たちが，日常生活の中で消費している，財やサービスを挙げましょう。

解答例 （財）衣服，食料品，文具，家，自動車，自転車　など
（サービス）学習塾や習い事の授業・指導，交通機関による運搬，電話やインターネットなどの通信　など

トライ

財やサービスの生産での，「分業と交換」の良い点を，「効率」の観点から説明しましょう。

解答例 「分業」では，苦手な物を生産する労力や時間を省いて，自分の得意なことに専念できること。
「交換」では，自分で生産するのが苦手な物を，自分で生産しなくても手に入れられること。また，自分が生産した物を持ち運ばなくても，手軽に持ち運べるお金と交換できること。

教科書p.141 6 を見て，自動運転技術の発達が私たちの生活にもたらす利点や問題点について，「効率」と「公正」の観点から考えましょう。

解答例 （利点）・効率→これまで運転手の交通違反が原因で起こっていた事故が減ること。　など
・公正→運転できない人の移動手段となること。　など
（問題点）効率→事故が発生したときの責任の所在を特定しにくいこと。　など
・公正→タクシーの運転手が不要になった場合の雇用問題。　など

●教科書 p.142～143

2 企業の種類

ここに注目！

1 私企業と公企業	2 大企業と中小企業	3 起業とベンチャー企業	4 企業の社会的責任
私企業と公企業とは，どのようなちがいがあるの？	大企業と中小企業とは，どのようなちがいがあるの？	起業とは何？ベンチャー企業とは何？	企業はどのような責任を果たすべきなの？

？ 企業にはどのような種類があるのかな？

集める　日常生活で利用している～

解答例　インターネットで，ベンチャー企業を検索して調べてみる。

1 私企業と公企業

私企業は利潤を目的とする企業，公企業は国や地方公共団体の資金で運営される企業

利潤を目的とする企業を私企業といい，国や地方公共団体の資金で運営される企業を公企業という。

▼主な企業の種類

私企業	個人企業	農家，個人商店など
私企業	法人企業	株式会社など
公企業	地方公営企業	水道，バスなど
公企業	独立行政法人	造幣局，国立印刷局，国際協力機構（JICA）　など

チェック　身近な地域にある，さまざまな企業を挙げましょう。

解答例　自分が住んでいる地域にある建物の看板などを見て，企業を挙げてみましょう。

2 大企業と中小企業

資本金や従業員として働く人の数によって，大企業と中小企業に分けられる。

企業は，資本金や従業員として働く人の数によって，大企業と中小企業に分けられる。日本では，大企業の仕事を中小企業が下請けの形で担い，協力して生産してきた。

▼中小企業の日本経済にしめる割合

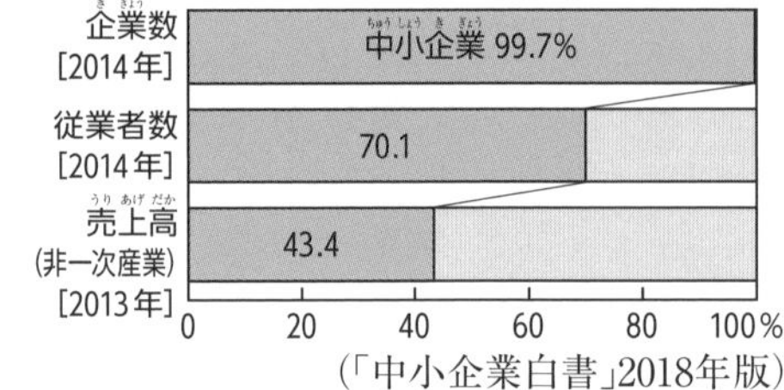

（「中小企業白書」2018年版）

3 起業とベンチャー企業

起業は企業を起こすこと。先進技術を活用して急成長するベンチャー企業が増えている。

企業を起こす起業の重要性が高まっている。特に，先進技術を活用して急成長するベンチャー企業が増えている。

トライ　自分が起業するとしたら，どのような企業を創るか，企業の社会的責任に着目して考えましょう。

解答例　勉強が苦手な人でも楽しんで学習できる，スマートフォン用アプリを開発する企業。　など

4 企業の社会的責任

企業活動は社会に大きな影響をあたえる場合もあり，企業はさまざまな役割と責任を担う。

近年では，企業は利潤を求めるだけでなく，企業の社会的責任（CSR）を果たすべきだと考えられている。企業には，法令を守り情報を公開することだけでなく，消費者の安全や従業員の生活の安定など，さまざまな役割と責任を担うことが求められている。

3 株式会社の仕組み

●教科書 p.144～145

ここに注目！

1 株式とは
株式とは何？

2 株式会社の仕組み
株式会社はどのような仕組みなの？

3 株価の変動
株価はどのようにして決まるの？

？ 株式会社はどのような仕組みになっているのかな？

1 株式とは

企業の事業のために資金を投資した人の，権利や義務を定めた証書（証券）

複数の人が資金を出し合って作る法人企業の中で，最も数が多いのが株式会社で，株式を発行することで得た資金で作られる企業である。株式は，企業の事業のために資金を投資した人の，権利や義務を定めた証書(証券)であり，企業の株式を持っている人を株主という。

2 株式会社の仕組み

株主総会で，経営にかかわることや，株主への配当などを決めることができる。

株式会社という企業の仕組みが発達したのは，企業が活動するのに必要な多額の資金を，広く社会から集められるためである。必要な資金が高額な場合でも，株式を発行することで，多くの人々から資金を出してもらえば，一人一人は少額でも，多額の資金を準備できる。

株主には，株主総会に出席して議決に参加する権利や，利潤(りじゅん)の一部を配当として受け取る権利が保障されている。また，株主には，株式会社が倒産(とうさん)しても，投資した金額以上を負担しなくてよいという有限責任が認められている。

次のページの図で，株主，株式，株主総会などがどこに位置するのかを理解しましょう。

株式とはどのようなものか，本文からぬき出しましょう。

解答例 「企業の事業のために資金を投資した人の，権利や義務を定めた証書(証券)」

株価が変動する要因について，新聞やインターネットで調べましょう。

解答例 企業業績，景気，金利，為替，海外市場，国内政治の動向，国際情勢，自然災害・天候，外国人投資家の動向　など

第4章 私たちの暮らしと経済

読み取る

(1)5を参考に～
(2)次の新聞は1週間後の新聞です。～
(3)(2)の結果について，～

解答例

(例：極洋)(1)(始値)2828(終値)2828(高値)2846(安値)2808(前日比)△2(売買高)148
(2)1週間前に比べ，始値・終値，高値・安値すべてが上がっているが，売買高は下がっている。
(3)「なぜ，始値・終値，高値・安値は上がっているのに，売買高は下がっているのか。」などをテーマに意見交換をする。　など

▼株式会社の仕組み

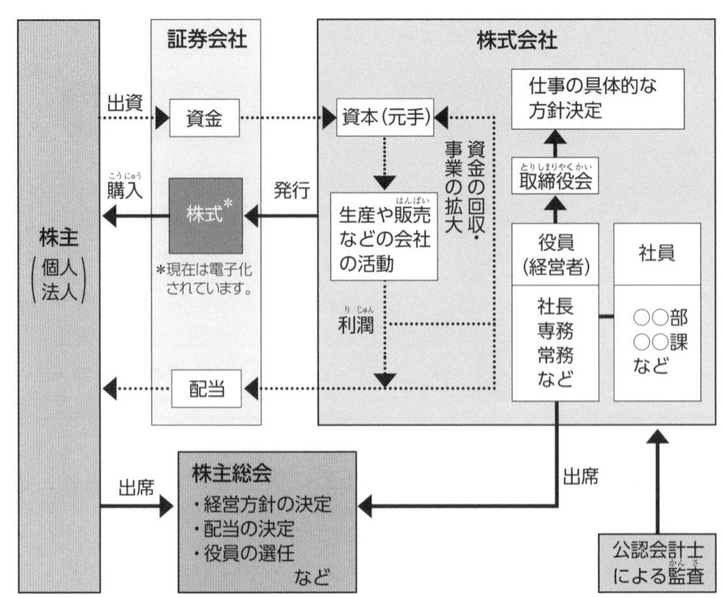

3 株価の変動

株価は，その企業の利潤の見通しなどで変動する。

株式は，**証券取引所**などで自由に売買される。売買を通じて株式の値段である**株価**が決まり，売買したい人の参考になる。株価は，その企業の利潤の見通しなどで変動する。株価は，売買する人々の期待によって変動するため，その企業の実際の利潤に関係なく，大きく上下する例も見られる。

トライ

株主の権利や責任について，次の語句を使って説明しましょう。[配当／投資]

解答例　株主総会に出席して議決に参加する権利や，利潤の一部を配当として受け取る権利が保障されている。また，投資した金額以上を負担しなくてよい有限責任が認められている。

みんなでチャレンジ

(1)あなたは株式の売買で利益を得ている投資家です。～
(2)その企業の株式を購入する理由をグループで発表し合い，～
(3)グループの話し合いの結果をクラスで発表し合い，～

解答例　(1)Ⓑ(IT関係のベンチャー企業)の株式を購入する。
(2)「ゲームアプリの販売額が増加し続けていて，自分の周りにもスマートフォンでゲームをしている友達がたくさんいるので，これからもⒷの企業の業績は上がっていくと思うから。」などの理由を挙げ，グループで話し合い，グループとして株式を購入する企業を決める。
(3)(省略)

4 労働の意義と労働者の権利

●教科書 p.146～147

ここに注目！

1 労働の意義	2 労働者の権利	3 ワーク・ライフ・バランスの実現
なぜ働くの？	労働者にはどのような権利が保障されているの？	ワーク・ライフ・バランスとはどのようなこと？

？ 労働者の権利を守るために，どのような取り組みがなされているのかな？

1 労働の意義

働いて得た収入で生活する一方，労働を通して，夢をかなえたり，社会に参加したりする。

企業（きぎょう）などで働く労働者は，働いて得た収入で生活している一方，働くことを通して，自分の夢をかなえたり，社会に参加したりしている。一人の労働者が生み出せる財やサービスは限られるが，社会全体で必要な財やサービスが生産されている。

2 労働者の権利

労働条件の向上の要求，労働組合の結成やストライキなどの労働争議

賃金や労働時間などの労働条件は，原則として労働者と使用者との間で契約（けいやく）の形で取り決められる。しかし，労働者は，使用者に対して弱い立場にあるため，労働組合を結成し，労働条件の向上を要求できる。国も，労働組合の結成やストライキなどの労働争議を権利として認め，法律で保障している。日本では，労働基準法，労働組合法，労働関係調整法の三つが代表的な法律で，これらは労働三法とよばれる。

3 ワーク・ライフ・バランスの実現

仕事と個人の生活との両立

日本の労働者の労働時間は，先進工業国の中でも長い。労働時間を短縮し，育児休業や介護（かいご）のための休暇（きゅうか）を充実（じゅうじつ）させることで，仕事と個人の生活とを両立できるワーク・ライフ・バランスを実現することが重要である。

みんなでチャレンジ (1)興味のあるものや～／(2)何を目的に働くか，～
(3)(1)と(2)で考えたことを～

解答例 (1)「英語が得意」「人と交流するのが好きだ」「仲間と一緒に何かを達成していくことが面白い」「一人で集中して物を作ることが好きだ」など，興味のあるものや得意だと思うことをいろいろ書き出してみる。
(2)(3)（省略）

読み取る 教科書p.147の7の求人広告を～

解答例 ・給与の「時給500円」→最低賃金を下回っている。
・時間の「10時間」→１日の労働時間の上限（８時間）をこえている。　など

チェック 労働者の持っている権利を，～

解答例 「労働者と使用者とは，対等の関係」「男女は同一賃金」「労働時間週40時間，１日８時間以内」「少なくとも週１日の休日」「労働者は労働組合を結成し，労働条件の向上を使用者に要求できます。」「労働組合の結成や，ストライキなどの労働争議」

トライ 多様な働き方が～

解答例 一人一人に，それぞれ異なる生き方や事情があることを前提として働き方を考えることが，個人を尊重することであるから。

5 労働環境の変化と課題

●教科書 p.148～149

ここに注目！

1 多様化する労働の在り方	2 非正規労働者の増加への対応	3 外国人労働者	4 いきいきと働ける社会の実現
労働の在り方はどのように変化してきたの？	非正規労働者への対応では，何が課題なの？	日本における外国人労働者の状況は？	労働者にとってどのような社会を実現していく必要があるの？

労働をめぐる環境には，どのような変化と課題が見られるのかな？

1 多様化する労働の在り方

終身雇用や年功序列から，能力主義や成果主義に

以前は，一つの企業に定年まで勤め続ける終身雇用が一般的で，賃金は年齢とともに上昇する年功序列賃金が広く見られた。しかし，グローバル化が進み，国際競争が激しくなったことを背景に，能力主義や成果主義を導入する企業や，パートやアルバイト，派遣労働者などの非正規労働者をやとうことで賃金をおさえ，業績に応じて労働者の数を調整する企業が増えた。

2 非正規労働者の増加への対応

同一労働同一賃金の実現，職業訓練，セーフティネットの整備

非正規労働者は，正規労働者と同じ仕事をしても賃金が低く，企業の業績が悪化すると契約が継続されにくい。同じ労働には同じ賃金を支払う同一労働同一賃金の実現や，非正規労働者が専門技能を身に付けるための職業訓練が求められており，生活保護などのセーフティネット（安全網）の整備も重要である。

3 外国人労働者

一般的に賃金が低く，労働条件や契約の継続は，経済の状況に影響されやすくなる。

2017年現在，日本には100万人以上の外国人労働者が働いている。少子高齢化と人口減少が進む日本は，外国人労働者を必要な労働力として受け入れる方針に切りかえつつある。

4 いきいきと働ける社会の実現

全ての人々がいきいきと働ける環境を整え，社会を活性化していく。

社会を活性化するために，全ての人々がいきいきと働ける環境を整える必要がある。日本は今後，人口減少が進んで労働力不足が深刻になることが予想されており，さまざまな人々が労働に参加することは，重要な意味を持っている。

考える 正社員と契約社員とでは，～

解答例 ・期間の定めが，正社員にはないが，契約社員にはある。
・賃金が，正社員は高いが，契約社員は低い。
など

チェック 正規労働者と非正規労働者～

解答例 （正規労働者）「期間の定めのない労働契約の労働者」（非正規労働者）「正規労働者と同じ仕事をしても賃金が低く」「安定した生活が難しく」「自分の都合の良い時間に働ける」

トライ 労働環境の課題を解決し，～

解答例 それぞれの職場で，管理者と労働者が協力して働きやすい労働環境を整えていこうとする意識を持ち，できることから変えていくことが必要である。

3節　市場経済の仕組みと金融

☑ 金融の働きは，なぜ私たちの生活にとって重要なのでしょうか。

1 市場経済と価格の決まり方

●教科書 p.150〜151

ここに注目！

1 市場経済とは
市場経済とは何？

2 需要・供給と価格との関係
需要・供給と価格とはどのような関係があるの？

？ 市場(しじょう)経済において，価格はどのように決定されるのかな？

1 市場経済とは

商品が売買される場である市場が，生活のすみずみまで行きわたっている経済

それぞれの家計や企業は，商品の生産と売買という分業や交換(こうかん)の関係によって，あみの目のように結び付いている。商品が売買される場を市場(しじょう)といい，商店などではなく，ある商品が売買される場の全体のことである。現代の経済では，こうした市場が生活のすみずみまで行きわたっており，市場経済ともよばれる。

2 需要・供給と価格との関係

価格が上がると需要量は減り，供給量は増え，価格が下がると需要量は増え，供給量は減る。

商品に値段(価格)が付くのは希少性があるからである。商品の価格は，消費者の買う量(需要量(じゅようりょう))と生産者の売る量(供給量)との関係で変化する。需要量が供給量を上回っている場合には価格が上がり，「買いたい」と思う人が少ない場合には価格が下がる。

一般的に，価格が上がると需要量は減り，供給量は増える。反対に，価格が下がると需要量は増え，供給量は減る。

需要量と供給量が一致(いっち)し，市場の均衡が取れた価格を，均衡価格(きんこうかかく)という。

需要・供給と価格との関係を，教科書p.151のスキルアップ8の学習を通して理解しましょう。

チェック 需要量と供給量とは，どのようなことを意味しているか，それぞれ本文からぬき出しましょう。

解答例 (需要量)消費者の買う量
(供給量)生産者の売る量

トライ

教科書p.150の**2**の価格に関する疑問について，次の語句を使って説明しましょう。
[需要量／供給量]

解答例 Ⓐ供給量であるホテルや旅館の部屋数は年間を通して変わらないのに対して，正月やゴールデンウイークには，それ以外の時期よりも需要量である観光客数が多くなるから。
Ⓑ閉店間際までは，生鮮食品や総菜の供給量が需要量を上回っているが，値引きによって客の買う意欲が高まり，需要量が多くなるから。
Ⓒ夜は昼間に比べて，働いてほしいという店の需要量よりも，働きたいという人の供給量が少ないから。

読み取る

ある地域で，ケーキの価格と買いたい量，売りたい量との関係についてアンケート調査を行いました。

⑴買いたい量についてのアンケートでは，表1のような結果が出ました。表1の数値を，グラフ1で折れ線グラフに書き表しましょう。また,「買い手の気持ち」を表した下のふきだしの，(　)に当てはまる適切な語句を選びましょう。

【表1】

ケーキ1 個の価格	200円	400円	600円	800円
買いたい量(地域の合計)	40個	25個	15個	10個

⑵売りたい量についてのアンケートでは，表2のような結果が出ました。表2の数値を，グラフ2で折れ線グラフに書き表しましょう。また,「売り手の気持ち」を表した下のふきだしの，(　)に当てはまる適切な語句を選びましょう。

【表2】

ケーキ1 個の価格	200円	400円	600円	800円
売りたい量(地域の合計)	10個	25個	35個	40個

⑶グラフ1とグラフ2の折れ線グラフを，グラフ3に書き写し，二つのグラフが交わる点の価格がいくらになるか読み取りましょう。そして，その交点に均衡価格と書き入れましょう。

解答例 ⑴「価格が(　低い　)とたくさん買いたいけれど，(　高い　)とあまり買いたくない。」
⑵「価格が(　高い　)とたくさん売りたいけれど，(　低い　)とあまり売りたくない。」
⑶(価格)400円，下は⑴⑵⑶のグラフ

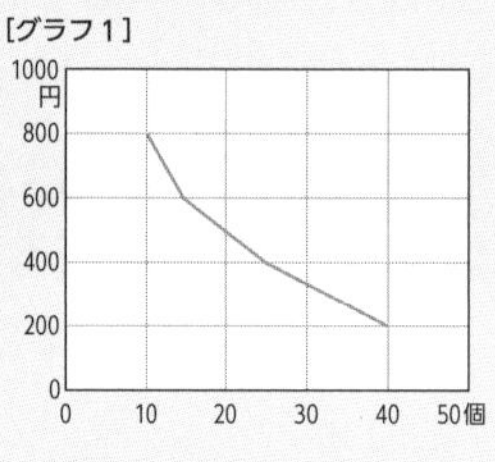

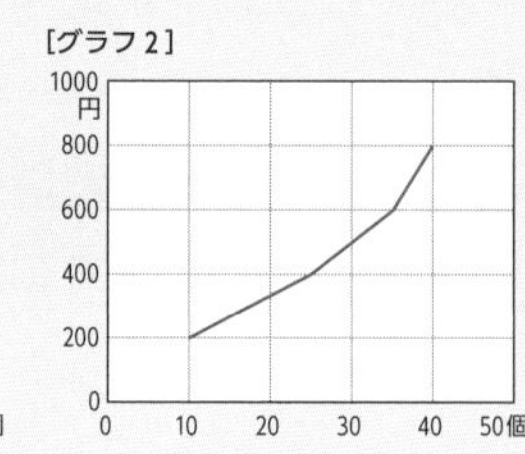

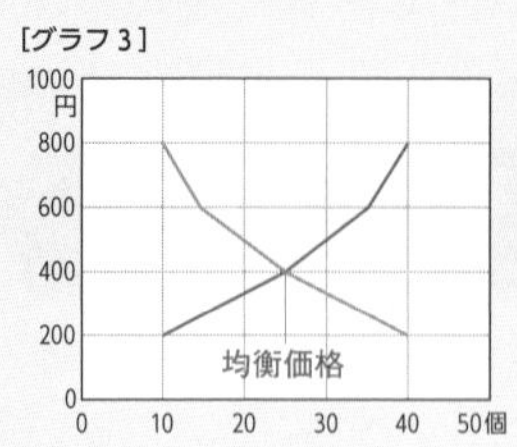

見方・考え方

⑴実際の量に対して求める人が多いダイヤモンドは,「希少性」が高いといえます。この場合，ダイヤモンドの価格は高いか，低いか，考えましょう。
⑵ 地球上に大量にある空気には価格は付いていません。この場合, 空気の「希少性」はどのような状態か，考えましょう。
⑶⑴と⑵から,「希少性」と価格との関係について，考えたことをグループで話し合いましょう。

解答例 ⑴ダイヤモンドの価格は高い。
⑵空気は希少性がない。
⑶「希少性が低いほど価格は安く，希少性が高いほど価格は高くなる。」 など

●教科書 p.152〜153

2 価格の働き

ここに注目！

1 市場経済における価格の働き
市場経済では，価格はどのような働きをしているの？

2 独占価格
独占価格とはどのような価格？

3 公共料金
公共料金とはどのような価格？

？ 市場経済において，価格はどのような働きをしているのかな？

1 市場経済における価格の働き

市場価格の上下によって，商品の生産量が変動する。

消費者は，さまざまな商品の価格を比べて，どの商品をどのくらい購入するかを決め，生産者も市場での価格の動きを見ながら，生産する商品とその生産量を決める。このように，市場経済での価格（市場価格）が上下することで，消費者が欲しがる商品は多く，あまり必要とされない商品は少なく生産される。

▼需要量・供給量・価格の関係

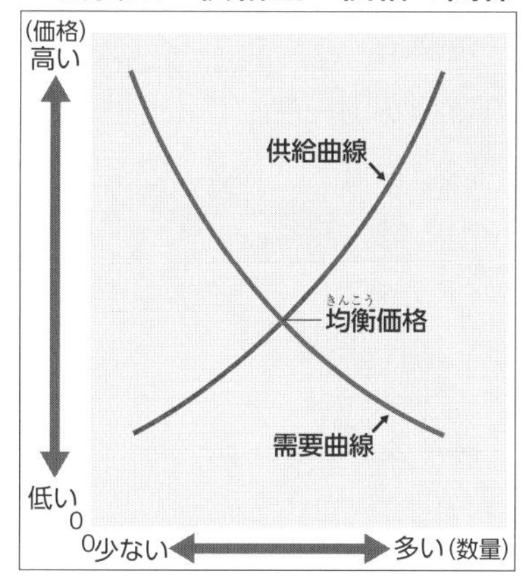

供給曲線が右上がりになるのは，価格を見たときの売り手の気持ちを，反対に，需要曲線が右下がりになるのは，価格を見たときの買い手の気持ちを，それぞれ表していると考えると分かりやすい！

考える

（1）教科書p.152の**1**の新聞記事のように，大雪の影響で野菜の価格が高くなる理由を考えましょう。
（2）キャベツがとれすぎると，**2**の写真のように，農家の人が廃棄する理由を，価格との関係から考えましょう。

解答例 （1）野菜の需要量は変わらないのに，供給量が減るから。
（2）キャベツの需要量に対して供給量が多すぎると，価格が低くなりすぎてしまうから。

2 独占価格

商品を供給する企業が１社だけの独占の状態で決められる価格

価格が商品の需要と供給との関係を反映しなくなると，生産要素が，不足している商品の生産に使われなかったり，不要な商品のために無駄に使われたりという状況が起こる。

考える

ノートやえんぴつの価格が，１年を通してあまり変わらない理由を考えましょう。

解答例 ノートやえんぴつは，１年を通して需要量と供給量があまり変動しないから。

価格の役割がうまく果たされなくなる原因の一つに，**独占**と**寡占**がある。独占は市場で商品を供給する企業が１社だけの状態，寡占はそれが少数の状態である。市場経済では，多くの企業が商品の供給量を競い合うが，独占や寡占の状態では**競争**が弱まり，一つの企業が独断で，あるいは少数の企業が相談して，生産量や価格を決めることが可能になる。このような価格を**独占(寡占)価格**とよぶ。

競争が弱まると，消費者は不当に高い価格で購入する状況も起こる。そこで競争をうながすことを目的とした**独占禁止法**が制定され，**公正取引委員会**がこの法律に基づいて，監視や指導を行っている。

▼日本での生産の集中(寡占化)

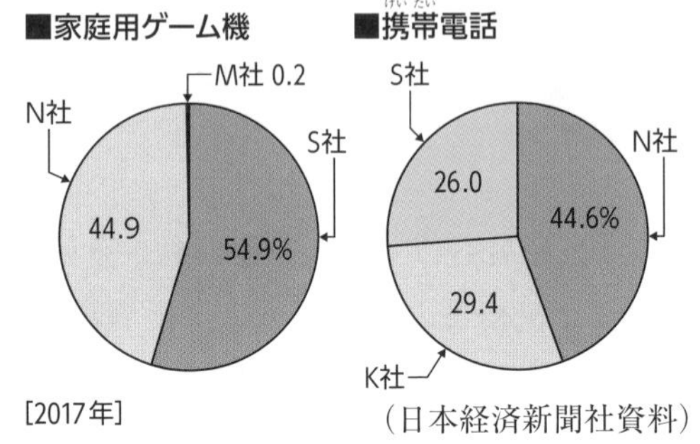

(日本経済新聞社資料)

3 公共料金　電気やガス，水道など，国や地方公共団体が決定や認可をする価格

電気やガス，水道などの価格は，その変動が国民生活に大きな影響をあたえる。そこで，こうした価格は，国や地方公共団体が決定や認可をする**公共料金**として定めている。

▼主な公共料金

国が決定するもの	社会保険診療報酬　介護報酬など
国が認可や上限認可するもの	電気料金　都市ガス料金　鉄道運賃 乗合バス運賃　高速自動車国道料金 タクシー運賃など
国に届け出るもの	固定電話の通話料金　国内航空運賃 手紙・はがきなどの郵便料金など
地方公共団体が決定するもの	公営水道料金　公立学校授業料など

※電気，ガス，水道は，安定的に供給するために，特定の地域を一つの企業が担当する「地域独占」になっているが，電気とガスの小売りが自由化されたことで，価格が安くなる例も出てきている。

見方・考え方　(1)教科書p.153の**5**の二つについて，～
(2)同様に，それぞれケーキの「希少性」は～

解答例　(1)需要量が増えると価格が高くなり，供給量が増えすぎると価格が低くなった。
(2)おいしいケーキは希少性が高くなり，ケーキを作りすぎると希少性は低くなる。

チェック　公共料金が定められている理由を，教科書や資料からぬき出しましょう。

解答例　「その変動が，国民の生活に大きな影響をあたえます。」「電気，ガス，水道は，安定的に供給するために，特定の地域を一つの企業が担当する「地域独占」になっています」

トライ　市場経済で，価格が果たしている役割について，「効率」の観点から説明しましょう。

解答例　市場経済では，価格が商品の需要と供給との関係を示す指標の働きをすることで，生産要素が無駄なく効率的に利用されている。

3 貨幣の役割と金融

●教科書 p.154~155

ここに注目！

1 貨幣の役割
貨幣はどのような役割を果たしているの？

2 お金の貸し借りと金融
金融とはどのようなこと？

3 金融の方法と働き
金融にはどのような方法と働きがあるの？

？ 貨幣(かへい)や金融(きんゆう)は，私たちの社会でどのような役割を果たしているのかな？

1 貨幣の役割

自分の欲しい財やサービスと交換できたり，財やサービスの価値を比較できる。

市場(しじょう)での売買は，紙幣(しへい)や硬貨(こうか)といったお金(貨幣・通貨)を使って行われる。現在の貨幣は，材料の価値は高くないが，以前は金や銀といった価値の高い材料で造られていた。貨幣を使うと，自分の欲しい財やサービスといつでも交換(こうかん)できたり，さまざまな財やサービスの価値を円やドルなどの単位で示し，比較(ひかく)できる。

2 お金の貸し借りと金融

お金が不足している側と余裕のある側との間で，お金を融通する方法

個人や企業のように不足している側と，銀行のように余裕(よゆう)がある側との間でお金を融通(ゆうずう)する方法を金融(きんゆう)という。

3 金融の方法と働き

直接金融と間接金融。お金の流れを円滑にし，消費や生産を助けている。

金融には，企業が発行する社債(しゃさい)などの借り入れの証明書を購入(こうにゅう)してもらう形で，直接お金を借りる直接金融と，金融機関がお金を借りる側と貸す側との間に入り，貸す側から集めたお金を借りる側に融通する間接金融という，主に二つの方法がある。

金融は，経済の中でお金の流れを円滑(えんかつ)にし，家計や企業の消費や生産を助ける働きをしている。

チェック 貨幣があることで便利な点を，本文や資料からぬき出しましょう。

解答例 (本文)「自分の欲しい財やサービスといつでも交換することができます。」「さまざまな財やサービスの価値を，円やドルといった貨幣の単位で示すことで比較もできます。」
(資料)「さまざまな財やサービスの価値を，価格という共通の基準で示すことができる。」「貨幣は保管ができるため，いつでも必要な財やサービスと交換できる。」

読み取る 教科書p.154の1から4の，～

解答例 (共通点)
- 固い物質
- 中に穴が空いている
- 模様や文字がある

(ちがい)
- 現在では紙が使われている
- 現在では数字が使われている

など

トライ 直接金融と間接金融とのちがいを，次の語句を使って説明しましょう。[株式／金融機関]

解答例 企業などが株式や債券を発行して，貸し手から直接資金を借りるのが直接金融，借り手が金融機関を通じて資金を借りるのが間接金融である。

4 私たちの生活と金融機関

●教科書 p.156〜157

ここに注目！

1 銀行の仕組みと働き
銀行はどのような仕組みで，どのような働きをするの？

2 預金通貨
預金通貨とは何？

3 日本銀行の役割
日本銀行はどのような役割を果たしているの？

? 銀行は，私たちの生活でどのような役割を果たしているのかな？

読み取る

教科書p.156**3**の「摘要(てきよう)」の〜

解答例 Ⓐ預金機／Ⓑ住宅ローン／Ⓒ給与／Ⓓ電気，ガス／Ⓔ口座振替／Ⓕカード

考える

教科書p.157**6**の図の〜

解答例 利子Ⓐは銀行の支出になり，利子Ⓑは銀行の収入になるから，利子Ⓐよりも利子Ⓑの方が高い。

チェック

私たちが日常生活の中で〜

解答例 現金，クレジットカード，スマホ決済，磁気カード決済，インターネットバンキング　など

トライ

銀行がなくなると，〜

解答例 個人や企業は常に現金を自宅や事務所で保管しておかなければならない。また，企業が多額のお金を借りたいときに，すぐに借りることができない。　など

1 銀行の仕組みと働き

貯蓄を預金として集め，それを家計や企業に貸し出す間接金融を担う。

間接金融(きんゆう)を担(にな)う代表的な金融機関が銀行である。銀行の仕事の中で特に重要なのは，人々の貯蓄(ちょちく)を預金として集め，それを家計や企業(きぎょう)に貸し出す仕事である。お金を借りる側は銀行に対して，借り入れた金額(元金(がんきん))を期限内に返済するだけでなく，利子(利息)を一定の期間ごとに支払(しはら)う必要がある。元金に対する利子の比率を金利(利子率，利率)という。一般(いっぱん)的に銀行が借りる側から受け取る利子は，預金している人々に支払う利子より高いため，その差が収入になる。また，私たちは銀行振(ふ)りこみなどの為替(かわせ)を利用して支払いをすることができる。銀行振りこみなどの手数料も，銀行の収入になる。

2 預金通貨

預金そのものも通貨の一つ

商品を購入(こうにゅう)するときの支払いは，紙幣(しへい)や硬貨(こうか)といった現金通貨である必要がなくなっている。クレジットカードだけでなく，近年ではスマートフォンを利用した決済など，支払いの在り方が多様化している。現代社会では，預金そのものも通貨の一つである。日本に流通している貨幣全体の約９割を預金通貨がしめている。

3 日本銀行の役割

発券銀行，政府の銀行，銀行の銀行

世界の国々には，特別な働きをする中央銀行が設けられている。日本の中央銀行は日本銀行(日銀)で，日本銀行券とよばれる紙幣を発行する発券銀行の役割や，政府が管理するお金が預金され，その出し入れを行う政府の銀行の役割を担う。一般の銀行に対するお金の貸し出しや預金の受け入れを行う銀行の銀行でもある。

5

景気と金融政策

●教科書 p.158～159

ここに注目！

1 景気とは
景気とは何？

2 戦後の日本経済
第二次世界大戦後の日本経済は，どのように成長してきたの？

3 日本銀行の金融政策
日本銀行はどのような政策を行っているの？

？ 景気の変動に対して，どのような取り組みがなされているのかな？

1 景気とは

経済全体の状態であり，好景気と不景気をくり返す。

経済全体の状態を景気といい，需要と供給の動きに応じて好景気（好況）と不景気（不況）をくり返す景気変動が起こる。好景気で商品の需要が供給を上回ると物価が上がり続けるインフレーションが起こる。不景気になると，需要が供給を下回り，価格が低くても購入されず，物価が下がり続けるデフレーションが起こる。しかし，供給が減って需要との均衡が取れると，景気は回復する。

チェック 好景気，不景気とは，それぞれどのような状態を表すか，本文からぬき出しましょう。

解答例 「好景気（好況）の状態では，商品が多く売れて企業の生産が増え，家計の収入も増加します。」「不景気（不況）の状態では逆に，商品はあまり売れずに企業の生産が減り，家計の収入も減少します。」

▼景気変動

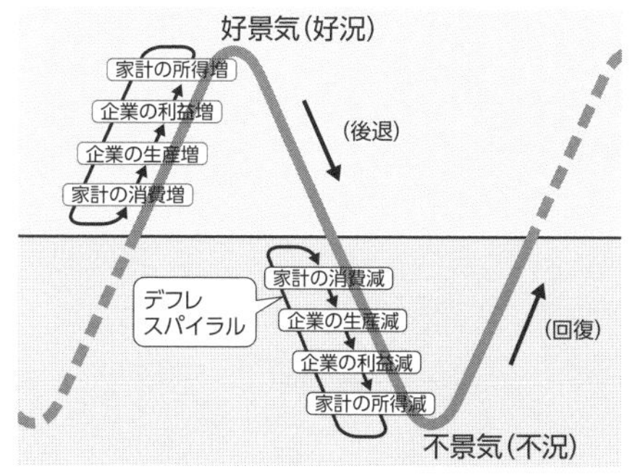

物価の下落と企業利益の減少が，連続して起こる状況を，デフレスパイラルといいます。

Q 「恐慌」とは？

A 経済が短期間で急激に不景気になること。1929年の世界恐慌や，2008年の世界金融危機がこれに当たる。

2 戦後の日本経済　高度経済成長，バブル経済とその崩壊

第二次世界大戦後の日本経済は，経済成長を続けてきた。1955年からの高度経済成長では国内総生産(GDP)が年平均10％程度の成長が続いたが，1973年の石油危機で成長は止まった。1980年代後半には，地価や株価が異常に高くなるバブル経済になったが，1991年に崩壊(ほうかい)すると地価や株価は下がり，平成不況になった。

▼日本の経済成長率の推移

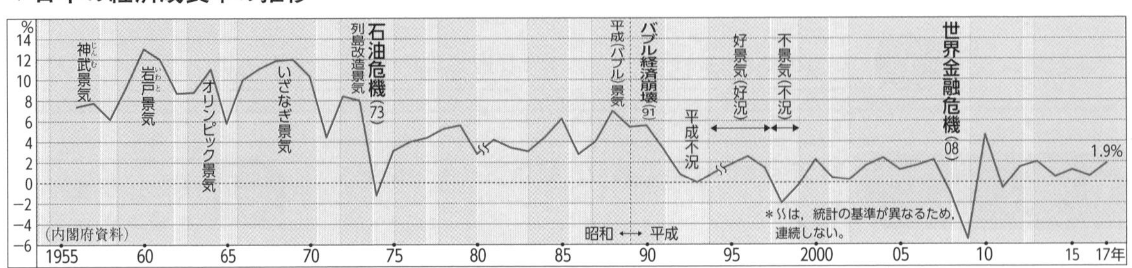

(内閣府資料ほか)

3 日本銀行の金融政策　公開市場操作

景気を安定させるために日本銀行は金融政策(きんゆう)を行う。その方法として公開市場操作(しじょう)(オペレーション)を使う。不景気のとき，一般(いっぱん)の銀行から　国債などを買い取り，代金を支払(しはら)う。銀行は貸し出せるお金が増え，貸し出す金利を下げる。すると，企業(きぎょう)はお金を借りやすくなり，生産が活発になって，景気は回復する。好景気のときは逆に，国債などを売ることで，景気は後退する。

トライ　日本銀行の金融政策と景気との関係を，5を参考に説明しましょう。

解答例　不景気のときは，銀行から国債などを買い，銀行の資金量を増やすことで，銀行が企業へ貸し出すお金を増やし，企業の生産活動が活発になって，景気が回復する。逆に，好景気のときは，銀行に国債などを売り，銀行の資金量を減らすことで，銀行が企業へ貸し出すお金を減らし，企業の生産活動が縮小されて，景気がおさえられる。

▼日本銀行の金融政策（公開市場操作）

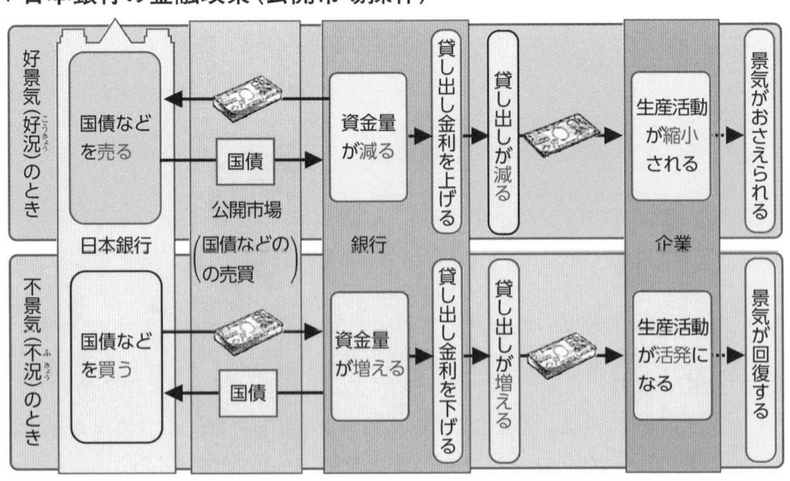

6 グローバル経済と金融

●教科書 p.160〜161

ここに注目！

1 貿易と経済のグローバル化
経済のグローバル化による影響は？

2 為替相場
為替相場とは何？

3 グローバル経済と金融
グローバル経済と金融の活発化はどのような影響をおよぼしたの？

？ 経済や金融のグローバル化は，私たちの生活にどのような影響をあたえているのかな？

1 貿易と経済のグローバル化　経済のグローバル化によって，産業の空洞化が進んだ。

国と国との間で行われる商品の取り引きを**貿易**という。貿易は，日本の経済成長に重要な役割を果たしてきた。戦後の日本の特徴は**加工貿易**で，輸出額が輸入額を上回る貿易黒字が成長を支えた。しかし，経済のグローバル化が進むと，日本の企業も工場を海外に移し，部品なども外国企業から得て**産業の空洞化**が進んだ。

考える　教科書p.160の1〜3を見て，〜

解答例　日本国内よりも，アジアなどの海外のほうが，燃料費や人件費をおさえることができるから。

Q「加工貿易」とは？
A 原材料を輸入して加工し，製品を輸出する貿易のかたち。

Q「貿易の自由化」とは？
A 国と国との間で，関税といった，自由な輸出入をさまたげる仕組みをできるだけ減らし，貿易を活性化すること。貿易の自由化が進むと，自国の商品を輸出しやすくなるが，他国からの輸入も増えるため，自国の産業が影響を受けることもある。

2 為替相場　為替相場とは通貨と通貨とを交換する比率

通貨と通貨とを交換する比率を**為替相場**（**為替レート**）という。1ドル＝100円が90円になるように，外国通貨に対する円の価値が高まることを**円高**という。逆に，1ドル＝100円が110円になるように，外国通貨に対する円の価値が低くなるのが**円安**である。

円高は，輸出が中心の日本の企業には不利だが，輸入が中心の企業には有利で，円安は逆になる。為替相場の変動は，貿易に大きな影響をあたえている。

チェック　円高，円安とは，それぞれどのような状態を表すか，本文からぬき出しましょう。

解答例　（円高）「1ドル＝100円が1ドル＝90円になるように，外国通貨に対する円の価値が高まること」
（円安）「1ドル＝100円が1ドル＝110円になるように，外国通貨に対する円の価値が低くなる」

3 グローバル経済と金融　アジア通貨危機や世界金融危機を引き起こし，世界の経済が大きく混乱した。

多くの国に進出する**多国籍企業**(たこくせききぎょう)の成長で，国境をこえた投資が活発になった。1980年代以降は，国際的な金融(きんゆう)が活発化し，大規模な金額のやりとりが，国境をこえて行われた。こうした動きは，1997年のアジア通貨危機や，2008年の**世界金融危機**を引き起こし，世界の経済が大きく混乱した。

読み取る　円高・円安が，私たちの生活や日本の経済全体にあたえる影響について考えましょう。

(1)図１は，円高・円安のときに，海外旅行客が受ける影響です。空欄に入る数字を考えましょう。

(2)図２は，円高・円安のときに，輸出・輸入中心の企業が受ける影響です。空欄に入る数字を考えましょう。

(3)円高・円安は，海外旅行者や輸出・輸入中心の企業に，それぞれどのような影響をあたえるか，まとめ１・２で(　)内のどちらかを選びましょう。

[まとめ１]日本からアメリカなどの海外へ旅行に行くなら，(円高・円安)のときのほうが有利である。

[まとめ２]日本の自動車などの輸出企業は，(円高・円安)のときのほうが有利である。

解答例　(1)(2)下図

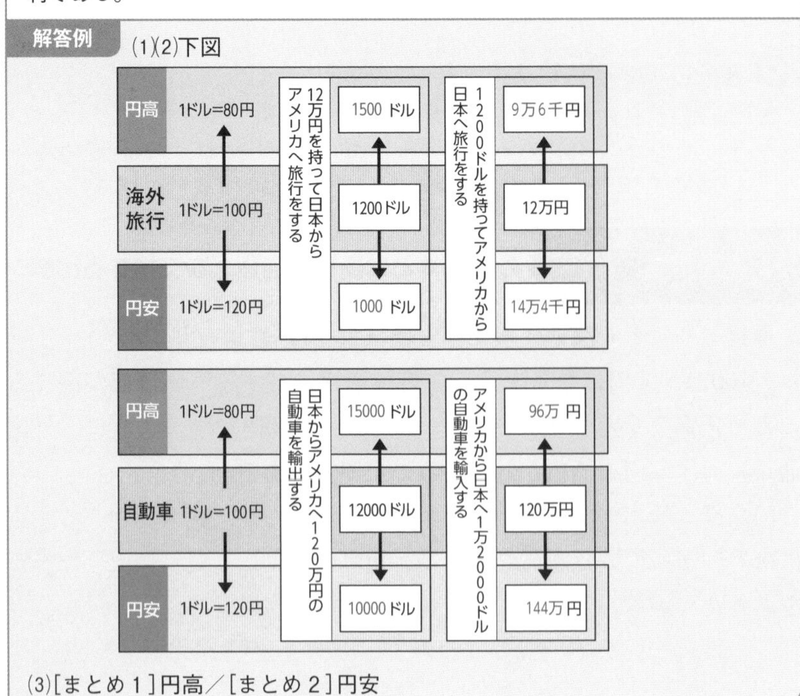

(3)[まとめ１]円高／[まとめ２]円安

トライ　教科書p.10の❾の天ぷらそばは，円高や円安で価格がどう変わるか，予想しましょう。

解答例　天ぷらそばの材料は輸入品が多いので，天ぷらそばの価格は，円高になると安くなり，円安になると高くなる。

4節 財政と国民の福祉

☑ 国民の福祉にとって，なぜ財政が重要なのでしょうか。

1 私たちの生活と財政

●教科書 p.162～163

ここに注目！

1 財政の仕組み
財政はどのような仕組みなの？

2 さまざまな税金
どのような種類の税金があるの？

3 税金の公平性
税金はどのようにして公平性が保たれているの？

？ 私たちが納める税金はどのように使われているのかな？

1 財政の仕組み　国や地方公共団体（政府）の経済的な活動

国や地方公共団体（政府）の経済的な活動を財政という。政府の収入は税金（租税）によってまかなわれ，社会保障や公共事業などに支出する。予算は，１年間の政府の収入（歳入）と支出（歳出）の計画である。

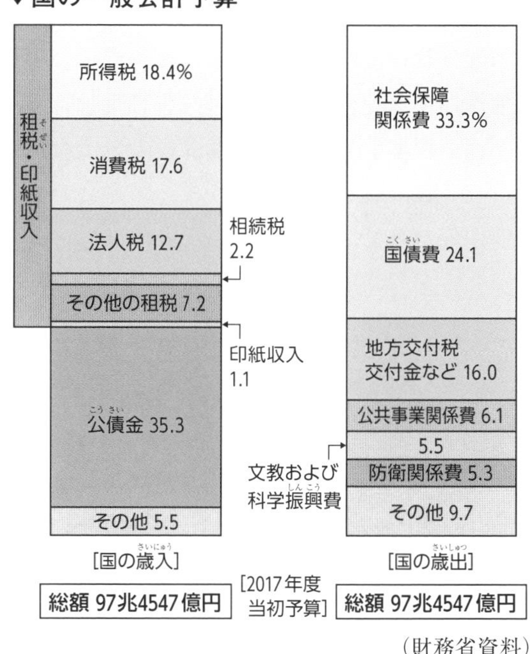

チェック 私たちが日常生活の中で納めている税金を挙げましょう。

解答例 消費税，所得税，固定資産税，住民税など

考える Ⓐから Ⓔのイラストは，～

解答例
Ⓐ社会保障関係費
Ⓑ文教および科学振興費
Ⓒ公共事業関係費
Ⓓ防衛関係費
Ⓔ国債費

トライ 憲法で，国民に納税の義務がある理由を，税金の役割に着目して説明しましょう。

解答例 国民は，生活に必要なさまざまな仕事を政府に任せているので，その代わりに費用を負担する必要があるから。

2 さまざまな税金 国税，地方税，直接税，間接税

税金は，国に納める国税と，地方公共団体に納める地方税に分かれる。所得税や法人税などのように，政府に税金を納める納税者と実際に税金を負担する担税者が同じ税金を直接税，納税者と担税者が異なる消費税や酒税などの税金を間接税という。

▼主な税金

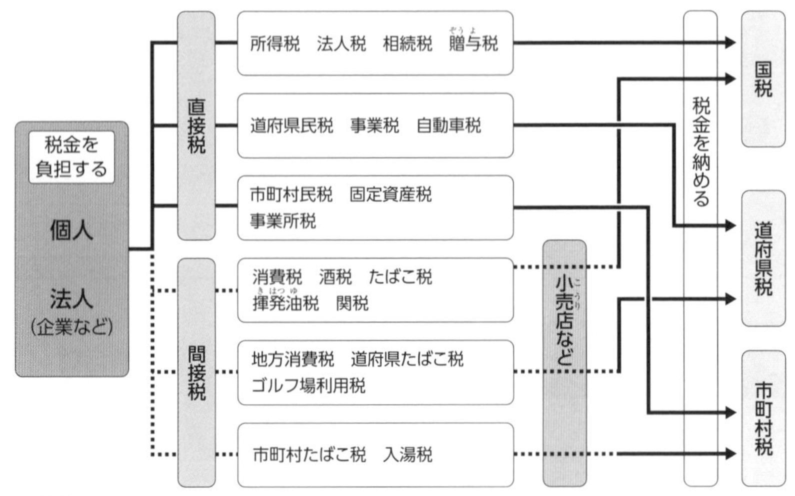

＊東京都や特別区はそれぞれ道府県税，市町村税に相当する税金を課税していますが，市町村税に当たるものでも東京都が課税しているものもあります。

3 税金の公平性 複数の税金をうまく組み合わせることで，全体の公平性が保たれている。

消費税などの間接税は，所得が低い人ほど所得にしめる税金の割合が高くなる逆進性がある。一方で，所得税や相続税には，所得が多くなればなるほど高い税率を適用する累進課税の方法が採られている。

税金の制度（税制）は，複数の税金をうまく組み合わせることで，全体として公平性が保たれている。

(1)所得税の課税方法について，～
(2)もし現在の所得税を増税するとしたら，～

解答例 (1)所得税については公正の観点から，税負担の能力に応じた課税方法である累進課税の考えを採っているCがよい。
(2)公正の観点から，税負担の能力の高い高所得者に高い税率を課すbがよい。

税金の公平性を保つためには，同じ所得の人は同じ額の税金を納めるようにすることも重要です。

2 財政の役割と課題

●教科書 p.164～165

ここに注目！

1 市場経済と政府
政府は市場経済の中でどのような役割を担っているの？

2 財政政策
財政政策とはどのような政策なの？

3 公債の発行
公債とは何？

4 これからの財政
これからの政府の役割は，どうなっていくの？

市場経済において，財政にはどのような役割と課題があるのかな？

1 市場経済と政府　社会資本や公共サービスの提供，税金や社会保障の整備，景気の安定など

政府は市場経済の中で，重要な役割を担っている。例えば，道路や公園，水道などの社会資本（インフラ）の整備や，学校教育や社会保障などの公共サービスの提供である。また，税金や社会保障を整備して，国民が安定した生活を送れるようにし，景気の安定を図り，独占や寡占の規制や，消費者・労働者の保護，環境保全などに関する規則を定める役割も果たしている。

2 財政政策　歳入や歳出を通じて景気を安定させる役割

歳入や歳出を通じて景気を安定させる役割を，財政政策という。不景気のとき，政府は公共投資を増加させて，民間企業の仕事を増やしたり，減税によって企業や家計のお金を増やして，社会全体の消費を活発にしたりすることで景気を回復させる。逆に好景気のときには，公共投資を減らしたり，増税したりすることで，景気をおさえようとする。

Q「公共投資」とは？
A 政府が道路や公園などの社会資本の整備などに費用をかける支出のこと。

次のページで，日本銀行の金融政策と政府の財政政策とを比べて，そのちがいを理解しましょう。

チェック 公共サービスは，どこがどのように提供しているか，理由とともに，本文からぬき出しましょう。

解答例 「民間企業だけが担うのは困難なため，政府が税金を使って行っています。」

見方・考え方 (1)教科書p.164 **1**の中から，～
(2)(1)のうち，～
(3)民間企業が～

解答例 (1)消防，病院，学校，コンサートホール，公園，警察，図書館，自衛隊，道路工事
(2)病院，学校，コンサートホール，図書館
(3)(効率)供給者を政府だけにすることで，供給者が多数の場合よりも，供給物のばらつきや供給方法の無駄がなくなるから。(公正)全員が同じ質の財やサービスを受ける必要があるから。

▼金融政策と財政政策

	不景気(不況)のとき	好景気(好況)のとき
日本銀行の金融政策(公開市場操作)	・国債などを銀行から買い，銀行から企業への資金の貸し出しを増やそうとする(買いオペレーション)。	・国債などを銀行へ売り，銀行から企業への資金の貸し出しを減らそうとする(売りオペレーション)。
政府の財政政策	・公共投資を増やして企業の仕事を増やす。 ・減税をして企業や家計の消費を増やそうとする。	・公共投資を減らして企業の仕事を減らす。 ・増税をして企業や家計の消費を減らそうとする。
	↓ (景気が回復する)	↓ (景気がおさえられる)

トライ 政府の財政政策と景気との関係を，次の語句を使って説明しましょう。[公共投資，民間企業]

解答例 不景気のとき，政府は公共投資を増加させて，民間企業の仕事を増やしたり，減税によって民間企業や家計のお金を増やして，社会全体の消費を活発にしたりすることで景気を回復させる。逆に好景気のときには，公共投資を減らしたり，増税したりすることで，景気をおさえようとする。

3 公債の発行 国や地方公共団体の借金

政府が税金だけではお金が足りない場合，国は**国債**，地方公共団体は**地方債**という**公債**を発行して借金をする。

▼日本の国債残高と歳入にしめる公債金(国債)の割合の推移

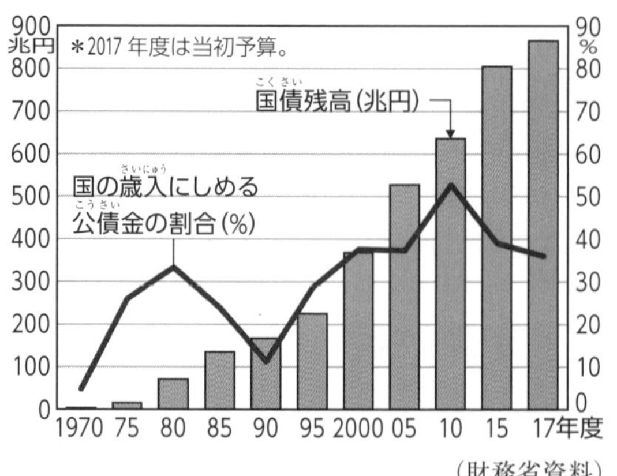

(財務省資料)

4 これからの財政 「小さな政府」を選ぶか，「大きな政府」のままを選ぶか，難しい選択をせまられている。

日本をはじめ多くの先進工業国の財政は**赤字**が続き，巨額の公債が残っている。政府の役割を減らし「小さな政府」を選ぶか，税収を増やして「大きな政府」のままを選ぶか，難しい選択をせまられている。

考える (1)公債の発行に対する～
(2)公債の発行の在り方について，～

解答例 (1)(Aの良い点)借金がなくなる。(Aの問題点)税金の負担が増える。(Bの良い点)借金がなくなる。税金の負担が減る。(Bの問題点)地域の資金力によって，整備されている場所とそうでない場所の差が大きくなる。
(2)今後，人口減少と少子高齢化が加速することから，このまま国債残高が増え続けると，将来の世代の負担は今以上に大きくなる。したがって，可能な限り公債の発行をおさえ，税金の無駄使いをなくし，必要なところに過不足なくサービスが行きわたるようにする。

●教科書 p.166~167

3 社会保障の仕組み

ここに注目！

1 社会保障の役割とおこり
どのような背景で社会保障の考え方が生まれたの？

2 日本の社会保障の四つの柱
日本の社会保障には，どのようなものがあるの？

？ わが国の社会保障制度はどのような仕組みになっているのかな？

1 社会保障の役割とおこり

けがや病気，失業などは，個人の努力だけではさけられず，個人で備えるにも限界がある。

19世紀までは，病気や貧困は自分の責任で，社会や国が助ける必要はないという考えが一般的であった。しかし，けがや病気，失業などは，個人の努力だけではさけられず，個人で備えるにも限界があるため，病気や失業などで生活ができないときに，国が生活を保障するという社会保障の考え方が生まれた。第二次世界大戦後のイギリスで全国民を対象とした社会保障制度が初めて確立した。

2 日本の社会保障の四つの柱

社会保険，公的扶助，社会福祉，公衆衛生

日本の社会保障制度は，日本国憲法が定める生存権の考え方に基づいて，社会保険，公的扶助，社会福祉，公衆衛生の四つを基本的な柱としている。日本では1960年代に，国民皆保険，国民皆年金が実現した。

▼日本の社会保障制度

種類	仕事の内容	
社会保険	医療保険　介護保険 年金保険　雇用保険 労災保険	加入者が毎月保険料を支払い，病気，老齢，失業，仕事中のけがなどのとき給付を受ける
公的扶助	生活保護 生活扶助　住宅扶助 教育扶助　医療扶助 など	生活に困っている人に，一定の水準の生活ができるように生活費などを扶助する
社会福祉	高齢者福祉　児童福祉 障がい者福祉 母子・父子・寡婦福祉	高齢者や障がい者，保護者のいない子ども，母子・父子家庭などの生活の保障と生活環境の向上を図る
公衆衛生	感染症対策　上下水道整備 廃棄物処理　公害対策など	病気の予防や衛生教育，地域社会の衛生状態の改善を図る

チェック

私たちが日常生活の中で利用している，社会保障の制度を挙げましょう。

解答例 医療保険，児童福祉，感染症対策，上下水道整備，廃棄物処理　など

考える

教科書p.166の1のⒶからⒹの写真～

解答例
Ⓐ医療保険
Ⓑ生活保護
Ⓒ障がい者福祉
Ⓓ感染症対策

トライ

これからの社会保障制度は，どのようにあるべきか，「持続可能性」の観点から考えましょう。

解答例 将来の世代も確実に社会保障が受けられるように，制度を支える費用を国民全体で負担していく。　など

4 少子高齢化と財政

●教科書 p.168～169

ここに注目！

1 少子高齢化と社会保障

少子高齢化は，社会保障制度にどのような影響をおよぼしているの？

2 社会保険の課題

日本の社会保険では，どのような課題があるの？

3 福祉社会の実現に向けて

福祉社会の実現に向けて，何が必要なの？

少子高齢化は，わが国の財政にどのような影響をおよぼしているのかな？

考える 教科書p.168**1**のように～

解答例 今後，65歳以上の割合が多くなるため，社会保障給付費は上がる可能性が高い一方，働く世代の人数・割合が少なくなるため，社会保障給付費をまかなうための負担がますます重くなることが予想される。

1 少子高齢化と社会保障　現役世代一人あたりの保険料が増える。

少子高齢化は，社会保障制度に大きな影響をあたえている。年金などの支払い額が高齢化で増える中で，現役世代の人口は少子化で減り，現役世代一人あたりの保険料が増える。日本は少子高齢化への対応として，**介護保険制度**と**後期高齢者医療制度**を導入している。介護保険制度は40歳以上の人の加入が義務付けられ，後期高齢者医療制度は75歳以上の高齢者(後期高齢者)が他の世代とは別の医療保険に加入する制度である。

▼日本の人口と人口構成の変化

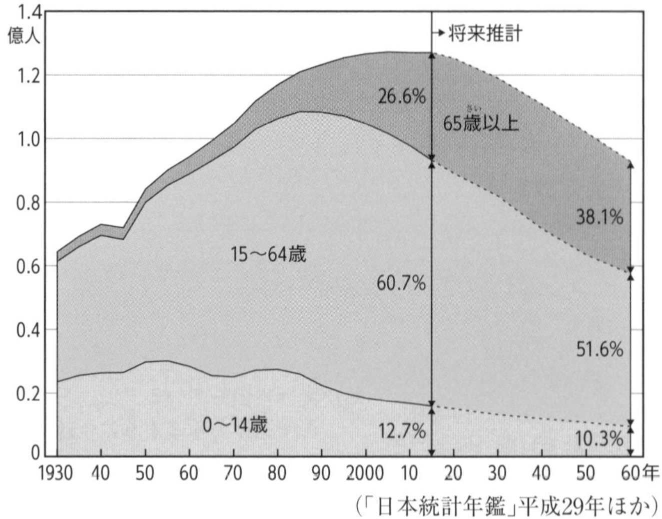

(「日本統計年鑑」平成29年ほか)

将来の人口構成が，現在と比べてどのように変化するかをとらえ，今後の社会保障にあたえる影響を考えましょう。

チェック 現役世代が納める保険料の負担が大きくなっている理由を，本文や資料からぬき出しましょう。

解答例 「年金などの支払い額が高齢化で増える中で，保険料を負担する現役世代の人口は少子化で減るため」「子育てにはお金がかかります。」「最近は若者の就職先が少なく，雇用が不安定です。」

2 社会保険の課題　社会保険が将来にわたって持続できるか。

日本の社会保険制度では，社会保険が将来にわたって持続できるかが大きな課題であり，支払いの増加に合わせ保険料や税の負担を増やすのか，負担を一定に保って支払いを減らすのかの選択（せんたく）をせまられている。

3 福祉社会の実現に向けて　社会保障の充実と経済成長とをどのように両立させていくか。

社会保障と財政との関係は，社会保障を充実（じゅうじつ）させる代わりに税金などの国民負担を大きくする高福祉（ふくし）高負担（大きな政府）と，社会保障をしぼりこむ代わりに国民負担を軽くする低福祉低負担（小さな政府）という二つがある。日本では，社会保障費の増加に対応するために，2019年に消費税率が8％から10％に引き上げられた。現在の日本にとって，社会保障の充実と経済成長とをどのように両立させていくかが，大きな課題になっている。

トライ　社会保障制度の充実と経済成長との両立が難しい理由を，増税の影響に着目して説明しましょう。

解答例　社会保障制度を充実させるためには増税が必要であるが，増税は，企業にも個人にも経済的な負担が大きくなり，働く意欲を下げてしまうことにもつながるから。

(1)社会保障費と国民の経済的な負担との関係を，～
(2)これからの日本の社会保障の在り方について，～
(3)社会保障の給付と負担は，どのように配分し，，～

解答例　(1)資料6から，ほかの国に比べて国民所得(NI)にしめる社会保障支出の割合が大きいフランスは，国民の租税負担や社会保障負担も同様に大きく，逆に国民所得(NI)にしめる社会保障支出の割合が小さい国は，国民の租税負担や社会保障負担も小さいということが読み取れる。
(2)A～Dの意見のどれが良いかは，社会保障制度をどういう理念の下に運営するかで異なる。
　憲法第25条の規定から，日本は社会保障の充実を国の使命としており，少子高齢化で税収や保険料収入が減少傾向にある状況では，「社会保障の水準を維持して，そのために国民の負担が増えるのはやむを得ない」という立場のBの意見が一つの選択肢として考えられる。
(3)(少子化の問題を改善することを重視する考え方)社会保障の給付を充実させるためには，税収や保険料収入の増加が必要で，そのためには経済成長が欠かせない。経済成長には働く現役世代の増加が求められる。そこで，子育て世代や若者などの働く世代への支援を手厚くし，少子化に歯止めをかける施策を行う。そして，高齢者には必要に応じたきめ細かなサービスを提供することによって，税金を効率的に使うのが良い。

5節 これからの経済と社会

☑ 経済は，私たちに何をもたらしているのでしょうか。

1 公害の防止と環境の保全

●教科書 p.170〜171

ここに注目！

1 公害の発生	2 公害対策の進展	3 新たな公害と地球環境問題	4 循環型社会に向けて
どのような公害が発生したの？	公害対策はどのように進展したの？	新たな公害問題とは何？	循環型社会に向けて，何が必要なの？

？ 環境保全と経済成長を両立させるために，どのような取り組みがなされているのかな？

チェック　身近な地域に，〜

解答例　近くの工場の騒音問題がある。

見方・考え方　教科書p.171の78と〜

解答例　(1)(政府)法律の制定などで，3Rを総合的に進める仕組みを作る。
(2)(企業)ものづくりの工程で，3Rを徹底する。
(3)(個人)生活の中でごみをできるだけ出さず，ごみの分別をきちんとするとともに，エシカル消費を心がける。

トライ　循環型社会を実現し，〜

解答例　できるだけ，リサイクル商品を買って使うようにする。

1 公害の発生　高度経済成長の時期に起こった四大公害病

高度経済成長の時期の日本では，多くの被害者を出す深刻な公害も相次ぎ，熊本県や新潟県の水俣病，富山県のイタイイタイ病，三重県の四日市ぜんそくは，四大公害病とよばれた。

2 公害対策の進展　住民運動の展開，公害対策基本法の制定，環境庁(現在の環境省)の創設

公害対策を求める世論が高まり，住民運動が各地で展開された。国や地方公共団体も公害対策を本格的に始め，1967年の公害対策基本法をはじめ，さまざまな法律が制定された。また公害対策や自然環境保護を専門的にあつかう環境庁(現在の環境省)も創設された。

3 新たな公害と地球環境問題　騒音や排気ガス，ごみなど，人々の生活の中で発生する新たな公害問題が起こっている。

公害対策により企業が原因の公害は減った一方，人々の生活の中で発生する新たな公害問題が起こり，これに対応するため，1993年には環境基本法が制定された。また近年では，各国が地球環境問題に取り組み，企業も省資源・省エネルギー型の製品の開発を進めている。

4 循環型社会に向けて　3Rを心がけ，循環型社会を実現する。日常生活の在り方を見直すことが求められている。

ごみを減らすリデュース，使えるものを何度も使用するリユース，ごみを資源として活用するリサイクルの3Rを心がけ，循環型社会の実現をめざす。2000年には循環型社会形成推進基本法が定められた。

2 経済の持続可能性と真の豊かさ

●教科書 p.172〜173

ここに注目！

1 経済成長と豊かさ	2 地域の持続可能な発展	3 住民が中心のまちづくり
本当の豊かさとは何？	地域の人口減少に対して，どのような対応が必要なの？	人口減少を，どのようにまちづくりに生かしていくの？

？ 持続可能な社会を創るために，経済はどのような役割を果たすべきなのかな？

1 経済成長と豊かさ

豊かさは，お金や物にかえられない要素から感じられることも多くある。

人々が生活に不安を感じる中で，雇用や収入の保障が課題になっている一方,「本当の豊かさとは何か」という問い直しが盛(さか)んになっている。人々の生活水準が一定程度にまで上がると，国内総生産(GDP)や個人の収入が増加しても，生活の満足度があまり上昇(じょうしょう)しない傾向(けいこう)がある。これは，豊かさが，お金や物にかえられない要素から感じられることも多くあるためである。

Q 「国内総生産(GDP)」とは？

A ある国や地域の中で一定期間に生産された，財やサービスの付加価値の合計のこと。似た指標に国民総所得(GNI)がある。

2 地域の持続可能な発展

コンパクトシティという考え方や，一人あたりの労働生産性を上げること

日本が直面している大きな課題は，急速な人口減少である。人口減少は日本各地の地域経済や，財政を衰退(すいたい)させる。こうした課題への対応策としてコンパクトシティという考え方が提唱されている。また，人口減少の社会では，一人あたりの労働生産性を上げることも重要である。

3 住民が中心のまちづくり

住民が，地域の将来についての議論に参加して，合意した内容に積極的に取り組む。

人口減少は，負の側面だけでなく，都市の過密問題を和(やわ)らげ，自然の中で健康的に生活できる可能性もある。人口減少をまちづくりに生かすためには，住民が，地域の将来についての議論に参加して，合意した内容に積極的に取り組むことが重要である。

チェック 経済的な「豊かさの基準」を，本文や資料からぬき出しましょう。

解答例 「豊かさの基準が，収入や財産といった，お金や物に置かれてきました」「所得・財産」「雇用」「住宅」　など

考える 教科書p.172の1と2とで〜

解答例 国内総生産の高さと個人が求める豊かさとが，一致するわけではないから。

トライ これからの社会に必要な「豊かさ」について，自分の考えを説明しましょう。

解答例 適度に働きながら，個人として文化的な活動も両立させるワーク・ライフ・バランスを維持すること。　など

探究のステップ　探究のステップの問いを解決しよう

●教科書 p.174

1節　買い物(消費活動)で，なぜ消費者の自立が求められているのでしょうか。 **2節**　生産活動では，なぜ労働者の権利を保障することが重要なのでしょうか。 **3節**　金融(きんゆう)の働きは，なぜ私たちの生活にとって重要なのでしょうか。	(1節　消費活動)私たちは，さまざまな商品を購入して生活している。→流通が支えている。→(消費者の自立が求められているのは)消費者には多くの権利が認められてきているため，同時に責任も負うことが必要である(から。) (2節　生産活動)自分の最も得意な物を専門的に生産する分業と，自分の物と他者が生産した物との交換→企業の多くをしめる株式会社，企業の生産活動を中心とする資本主義経済が支えている。→(労働者の権利の保障が重要なのは)労働者一人一人のワーク・ライフ・バランスを実現して，社会全体の生産性が高まることにつながる(から。) (3節　市場経済と金融の働き)商品の売買，金融機関への預金，金融機関からの借り入れなど。→金融機関，日本銀行，日本銀行の金融政策が支えている。→(金融の働きが重要なのは)金融は私たちの消費・生産活動に大きな影響をあたえている(から。)
4節　国民の福祉(ふくし)にとって，なぜ財政が重要なのでしょうか。 **5節**　経済は，私たちに何をもたらしているのでしょうか。	(ウェビング省略) (国民の福祉に財政が重要なのは)社会保障制度が国民の税金によって支えられている(から。) (経済は私たちに)豊かさをもたらす一方，公害や地球環境問題(をもたらしている。)

基礎・基本のまとめ　第4章の学習をふり返ろう

●教科書 p.175

1 ❶**財・サービス**：商品は，形のある財と形の無いサービスとに分かれる。

❷**家計**：消費生活の単位。家計は，お金が入ってくる収入と，それを使う支出とで成り立つ。

❸**希少性**：求める量に対して商品の量が不足した状態。

❹**消費者主権**：消費者が自分の意思と判断で，適切な商品を自由に選んで購入(こうにゅう)すること。

❺**消費者の権利**：1962年にアメリカでかかげられた「消費者の四つの権利」は，世界各国の消費者政策に大きな影響(えいきょう)をあたえた。

❻**流通**：商品が消費者に届くまでの流れ。

❼**分業・交換(こうかん)**：自分の最も得意な物を専門的に生産する分業と，自分の物と他者が生産した物との交換により，生活を成り立たせている。

❽**資本主義経済**：資本が，お金から生産要素(土地・設備・労働力)，そして商品へと形を変えながら，利潤(りじゅん)を生み出す経済の仕組み。

❾**技術革新**：魅力的な財やサービス，効率的な生産方法を生みだす研究がもたらした。

❿**私企業(しきぎょう)・公企業(こうきぎょう)**：私企業は利潤を目的とする企業であり，公企業は国や地方公共団体の資金で運営される企業である。

⓫**起業**：企業を起こすこと。独自の先進技術を活用して急成長するベンチャー企業が増加。

⓬**企業の社会的責任**：企業には，法令を守り情報を公開することだけでなく，消費者の安全や従業員の生活の安定など，さまざまな役割と責任を担(にな)うことが求められている。

⓭**株式会社**：株式を発行することで得た資金で作られる企業。法人企業の中で最も数が多い。

⓮**ワーク・ライフ・バランス**：仕事と個人の生活とを両立すること。

⓯**非正規労働者**：パートやアルバイト，派遣(はけん)労働者，契約(けいやく)労働者など，正社員でない労働者。

⓰**外国人労働者**：一般的に低賃金で，労働条件や契約の継続は経済状況(じょうきょう)に影響されやすい。

⓱**市場(しじょう)経済**：商品が売買される場である市場が生活のすみずみまで行きわたっている経済。

⓲**需要(じゅよう)量・供給量**：需要量は消費者の買う量で

あり，供給量は生産者の売る量である。

⑲**独占・寡占**：独占は市場で商品を供給する企業が１社だけの状態，寡占はそれが少数の状態であり，これらの状態では競争が弱まる。

⑳**公正取引委員会**：競争をうながすことを目的とした独占禁止法に基づいて，監視や指導を行っている機関。

㉑**金融**：お金が不足している側と余裕のある側との間で，お金を融通する方法。直接金融と間接金融がある。

㉒**日本銀行**：日本の中央銀行。発券銀行，政府の銀行，銀行の銀行の役割を担う。

㉓**景気変動**：需要と供給の動きに応じて好景気(好況)と不景気(不況)をくり返す状態。

㉔**インフレーション・デフレーション**：インフレーションは物価が上がり続ける状態，デフレーションは物価が下がり続ける状態。

㉕**金融政策**：景気を安定させるために日本銀行が行う政策。その方法として，公開市場操作(オペレーション)を使う。

㉖**産業の空洞化**：日本の企業が工場を海外に移し，部品なども外国企業から得る状態。

㉗**為替相場**：通貨と通貨とを交換する比率。

㉘**円高・円安**：円高は外国通貨に対する円の価値が高まること，円安は外国通貨に対する円の価値が低くなること。

㉙**財政**：国や地方公共団体の経済的な活動。

㉚**直接税・間接税**：直接税は納税者と担税者が同じで，間接税は納税者と担税者が異なる。

㉛**累進課税**：所得が多くなればなるほど高い税率を適用する課税方法。

㉜**社会資本・公共サービス**：社会資本は道路や公園，水道などの設備，公共サービスは学校教育や社会保障などの施策。

㉝**財政政策**：政府が，歳入や歳出を通じて景気を安定させるために行う政策。

㉞**公債**：国の借金である国債と，地方公共団体の借金である地方債を合わせて公債という。

㉟**社会保障**：国民が病気や失業などで生活ができなくなったときに国が保障する制度。日本の社会保障は，社会保険，公的扶助，社会福祉，公衆衛生の四つを柱としている。

㊱**環境基本法**：生活の中で新たに発生した公害問題に対応するために制定された法律。

㊲**循環型社会**：天然資源の消費が抑制され，環境への負荷ができる限り低減された社会。

㊳**地域経済**：各地域の経済。人口減少が進むと，地域経済や財政が衰退し，将来的に地方公共団体が消滅する可能性も指摘されている。

2 ア　家計　　イ　消費者の権利
ウ　財・サービス　　エ　私企業・公企業
オ　株式会社　　カ　企業の社会的責任
キ　社会資本・公共サービス　　ク　公債
ケ　社会保障　　コ　金融　　サ　日本銀行
シ　景気変動
ス　インフレーション・デフレーション
セ　金融政策　　ソ　財政政策
タ　為替相場　　チ　産業の空洞化
ツ　市場経済　　テ　需要量・供給量
ト　資本主義経済

まとめの活動　コンビニエンスストアのお弁当を企画しよう

●教科書 p.176～177

導入の活動では～(1)出店した地域の～／(2)(1)で考えた～／(3)(2)の方針に～／(4)グループの～／(5)グループで～／(6)グループで～

解答例　(1)の自由な発想に基づいて，(2)の方針や(3)の検討のポイントに沿ってしぼりこむ。(4)で他者の意見を参考にしながら，(5)で企画書にまとめ，(6)で発表する，という企画の流れを身に付けましょう。

解法のポイント! 定期テスト完全攻略!

❶ 次の文を読み，あとの問いに答えなさい。

a買い物をするとき，売り手と買い手の間には何をいくらで売買するか，合意が成立している。このような当事者間の合意を(　A　)という。一度結んだ(　A　)は勝手に取り消すことはできない。しかし，b場合によっては消費者が売買(　A　)を解除することができる制度も整えられている。今日の消費者は，消費者の権利とともに，c自らの消費行動が社会におよぼす影響を自覚した消費生活を行う責任がある。

問1　文中の空欄Aにあてはまる共通の語句を書きなさい。(　　　　　)

問2　文中の下線部aについて，店で買い物をする場合，クレジットカードを利用すると，消費者は現金がなくても商品を購入できる。その理由として適切なものを，次のア～ウから一つ選び，記号で答えなさい。(　　　)

ア　カード会社に事前に入金しているから。

イ　消貨者が事前に代金を支払っているから。

ウ　カード会社が一時的に代金を立てかえるから。

問3　文中の下線部bについて，訪問販売などで商品を購入した場合に，購入後8日以内であれば消費者から無条件で(A)を解除できる制度を答えなさい。(　　　　　)

問4　文中の下線部cについて，学習帳を購入するとき，右のマークが付けられているかどうかを基準に選択したとしたら，どのようなことに配慮した消費行動だったといってよいか，「このマークは」に続けて，「資源の節約」の語句を使い，簡潔に説明しなさい。

「このマークは(　　　　　　　　　　　　　　　　　　　　　　　　)」

❷ 右の図を見て，あとの問いに答えなさい。

●商品が生産者から消費者に届くまで

生産者
A
B
集荷団体
産地出荷業者
卸売市場
(せり)
小売業者
大規模小売業者
物流センター
フランチャイズ店・チェーン店
消費者

問1　主に，図中のAの経路で消費者に届く商品をまとめて何というか，書きなさい。(　　　　)

問2　大規模小売業者がBの経路を採るのは，流通の合理化の一例である。その目的を，「仕入れ」の語句を使って説明しなさい。(　　　　　　　　　　　　　　　　　　　　)

問3　次の文中の空欄にあてはまる，最も適切な業種を書きなさい。(　　　　　)

商品の流通を専門に行う商業に関連の深い四つの業種とは，運送業，保険業，広告業，商品を保管する(　　　)である。

❶ 解答

問1　契約
問2　ウ
問3　クーリング・オフ制度
問4　(例)　古紙を再利用した製品に付けられるものなので，資源の節約に配慮した消費行動だった。

ココがポイント！

問1　契約書を交わすことだけが契約ではない。たがいの売買の合意があれば売買契約は成立する。

問2　カードの発行会社は小売店などに代金を立てかえて，手数料を上乗せして代金を消費者に請求する。

問3　クーリング・オフはもともと「頭を冷やす」という意味で，消費者が契約した後で冷静になって考え直すということから制度名が付けられた。クーリング・オフの対象となるのは，訪問販売や電話勧誘販売などで交わした契約であり，購入後の一定の期間内に特定の項目（こうもく）を記載した通知書を送付することによって契約を解除できる。

問4　グリーンマークは古紙を再生利用した製品に付けられるものなので，このマークが付いた学習帳を購入することは資源の節約に配慮した消費行動だったといってよい。

❷ 解答

問1　生鮮食品
問2　(例)　直接仕入れで流通経路を短縮することや，流通経費を節約すること。
問3　倉庫業

ココがポイント！

問1　経路Aの特徴（とくちょう）は市場でのせりである。これは野菜や果物などの生鮮（せいせん）食品の主な経路である。

問2　目的は，商品を直接仕入れることによって流通経路を短縮することであり，流通経費の節約もできる。

問3　商品を倉庫に保管する倉庫業は，生鮮食品の鮮度を保つためにも重要な役割を果たす。

❸ 次の文を読み，株式会社の仕組みの図を見て，あとの問いに答えなさい。

私企業(しきぎょう)の a 株式会社は，株式の発行によって得られた資金をもとに b 設立される。会社の持ち主の一人である株主は株主総会に出席することができる。しかし，c 少しの株式を持っているだけでは，会社の運営に意見を反映させることは難しい。株主の多くは，その会社が利潤(りじゅん)の一部を配分する配当を期待するか，その株式の価格が(　　)するのを期待して，株式を購入しているのである。

●株式会社の仕組み

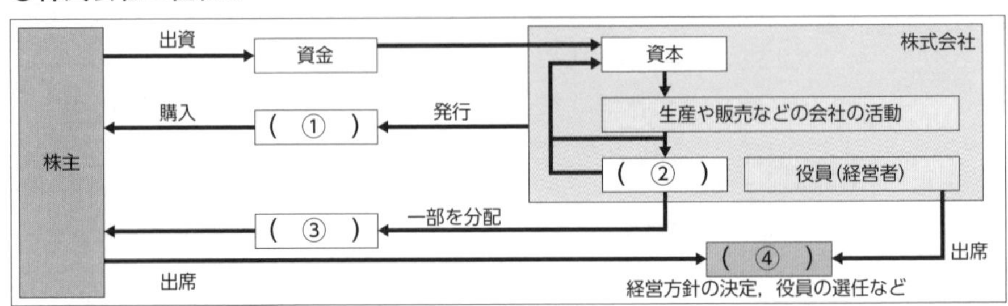

問1　文中の下線部aについて，上の文を参考に，図中の空欄(くうらん)①～④にあてはまる語句を書きなさい。

①(　　　　　)　②(　　　　　)　③(　　　　　)　④(　　　　　)

問2　文中の下線部bについて，設立される株式会社の活動の最大の目的は何か，簡潔に書きなさい。(　　　　　　　　)

問3　文中の下線部cについて，少しの株式を持っているだけでは意見を反映させることが難しい理由を，次の語句を使って説明しなさい。〔議決権，株式〕

(　　　　　　　　　　　　　　　　　　)

問4　文中の空欄にあてはまる語句を書きなさい。(　　　　)

❹ 次の問いに答えなさい。

問1　次の①～⑤の文は，労働基準法の一部分を要約して示したものである。各文の空欄に当てはまる語句を，あとのア～キから一つずつ選び，記号で答えなさい。

① この法律で定める労働条件の基準は(　　　)のものである。

② 労働条件は，労働者と使用者が(　　　)の立場で決定すべきものである。

③ 賃金については，(　　　)同一賃金を原則とする。

④ 労働時間は1週間に40時間以内，1日(　　　)時間以内を原則とする。

⑤ 休日は毎週少なくとも(　　　)日はあたえなければならない。

ア 8　イ 1　ウ 2　エ 対等　オ 男女　カ 最低　キ 最高

問2　働き方を自分の望むように調整して，仕事，家庭，地域での生活を調和のとれたものにするという考えを何というか，書きなさい。(　　　　　　　　)

❸ 解答

問1　①株式
　　②利潤
　　③配当
　　④株主総会

問2　㊞　利潤を獲得すること。

問3　㊞　株主が持つ株式数に応じて議決権が決まるから。

問4　㊞　値上がり

ココがポイント！

問1　株式会社は代表的な企業の形態であるため，仕組みを確実に理解しておきたい。

問2　文中の「私企業」に着目する。資本主義経済では，私企業は利潤の獲得（かくとく）を目的に設立される。

問3　株主が持つ株式数に応じて議決権が決まるため，少数の株式しか持たない株主は，株主総会で質問はできても，自分の意見を会社の運営に反映させるのは難しい。

問4　株価の値上がりへの期待も，株式購入の大きな動機となる。

❹ 解答

問1　①カ
　　②エ
　　③オ
　　④ア
　　⑤イ

問2　ワーク・ライフ・バランス

ココがポイント！

問1　①労働基準法の定めは，これより低くてはいけないという最低の基準である。②労働者と使用者は対等，③男女同一賃金，④労働時間は週40時間，１日８時間以内。⑤今は，週休二日制が一般的であるが，法律では少なくとも週１日の休日と定めている。

問2　ワーク・ライフ・バランスは，働き方を考えるうえでの欠かせないキーワードである。ワーク・ライフ・バランスが求められている背景として，仕事と育児の両立が難しいこと，労働時間が長すぎることなどの問題がある。

❺ 右の需要(じゅよう)曲線と供給曲線の図を見て，次の問いに答えなさい。

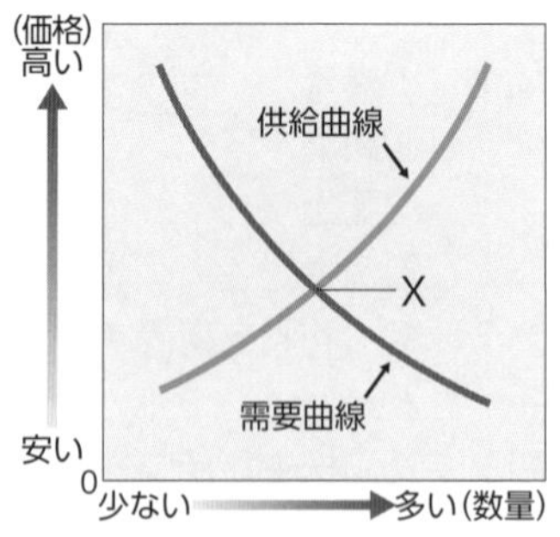

問1　キャベツが品不足の場合，市場(しじょう)では，需要曲線と供給曲線にどのような変化が見られるか。右の図を参考にして，次のア～エから適切なものを一つ選び，記号で答えなさい。　(　　)

ア　需要曲線が右に動く　　イ　需要曲線が左に動く
ウ　供給曲線が右に動く　　エ　供給曲線が左に動く

問2　図の需要曲線と供給曲線の交点Xは，市場で需要量と供給量が一致(いっち)し，価格の変化がやむ点である。このときの価格を何というか，書きなさい。　(　　　　)

問3　市場経済のもとでも，国や地方公共団体が決定したり認可したりすることで料金が決まるものがある。そのような料金を何というか，書きなさい。　(　　　　)

❻ 次の問いに答えなさい。

問1　一般の銀行の収入について，次の語句を使って，簡潔に説明しなさい。〔金利，預金，貸し出し〕(　　　　)

問2　右の景気変動の図を見て，次の問いに答えなさい。

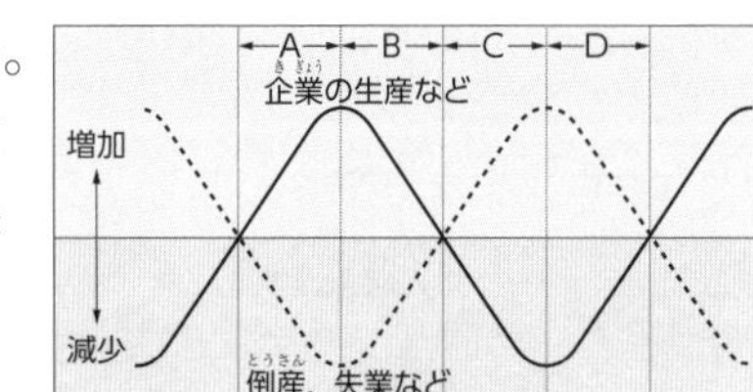

①　図中のAの状態のときに起こる傾向(けいこう)について説明した，次の文中の空欄(くうらん)a～cにあてはまる語句を書きなさい。

> 消費が拡大して商品の(　a　)量が増え，(　b　)量を上回ると，物価が上がり続ける(　c　)が起こる。

a(　　　　)　b(　　　　)　c(　　　　)

②　景気の安定化を図るために，日本銀行は金融(きんゆう)政策を行うが，図中のBの状態のとき，一般(いっぱん)に採られる政策について説明した次の文の空欄A～Cにあてはまる語句を，あとのア～カから一つずつ選び，記号で答えなさい。

> 日本銀行は，一般の銀行が企業などに貸し出すお金を(　A　)ために，国債(こくさい)などを(　B　)。すると，一般の銀行は貸し出すときの金利を(　C　)，積極的に貸し出そうとする。

ア　減らす　　イ　増やす　　ウ　売る　　エ　買い取る　　オ　上げ　　カ　下げ

A(　　)　B(　　)　C(　　)

❺ 解答

問1　エ
問2　均衡価格
問3　公共料金

ココがポイント！

問1・2　品不足は供給量の不足のことなので，価格が上昇する。需要曲線は動かず，均衡(きんこう)価格(二つの曲線の交点の価格)が高くなるように，供給曲線が左に動く。

問3　水道料金など，大きく変動すると国民生活への影響(えいきょう)が大きいものの価格が，公共料金に定められている。

❻ 解答

問1　㈹　貸し出し金利が預金金利を上回り，その差が銀行の収入になる。
問2　①a：需要
　　b：供給
　　c：インフレーション
　②A：イ
　　B：エ
　　C：カ

ココがポイント！

問1　銀行の収入の面から，貸し出し金利と預金金利のどちらが高いかを考える。

問2　①Aは好景気(好況(こうきょう))の状態であり，需要量が増え，供給量を上回ると，インフレーションが起こる。景気の状態と物価との関連を，インフレーションとデフレーションで対比させて整理しておきたい。②Bは不景気(不況(ふきょう))の状態である。不況のときの金融政策は，企業の生産活動を活発にし，消費を増やそうとすることが目的であることを考えて，選択肢を読み取る。

❼ 次の問いに答えなさい。

問1 次の会話文中の下線部a～cが正しければ○，誤っていれば正しい語句を書きなさい。

> Aさん：異なる通貨と通貨との交換比率を $_a$<u>為替相場(為替レート)</u>というんだよね。
> Bさん：1ドル＝100円が1ドル＝90円になると，1ドルを手にするのに10円少なくてすむんだから，$_b$<u>円安</u>というわけだ。
> Cさん：日本を訪れる外国人観光客が増加しているというニュースをよく聞くけれど，これには $_c$<u>円高</u>効果もあるんじゃないかな。

a（　　　　　）　b（　　　　　）　c（　　　　　）

問2 次の文中の空欄A～Dにあてはまる語句を，あとのア～カから選び，記号で答えなさい。

> 日本では，1980年代後半以降，中国などの東アジアや東南アジアへの生産拠点の（　A　）が進んでいる。これによる国内の経済成長の低下や地域経済の衰退，（　B　）の減少などが心配されている。このように，企業が工場などの生産拠点を海外に（　A　）することで，（　C　）産業が衰退することを産業の（　D　）という。

ア　空洞化　　イ　雇用　　ウ　国内　　エ　活性化　　オ　移転　　カ　国外

A（　　）　B（　　）　C（　　）　D（　　）

❽ 日本の財政について，次の問いに答えなさい。

問1 右のグラフ中のA～Cにあてはまる語句を，次のア～ウから一つずつ選び，記号で答えなさい。

ア　国債発行額　　イ　歳出　　ウ　税収

A（　　）　B（　　）　C（　　）

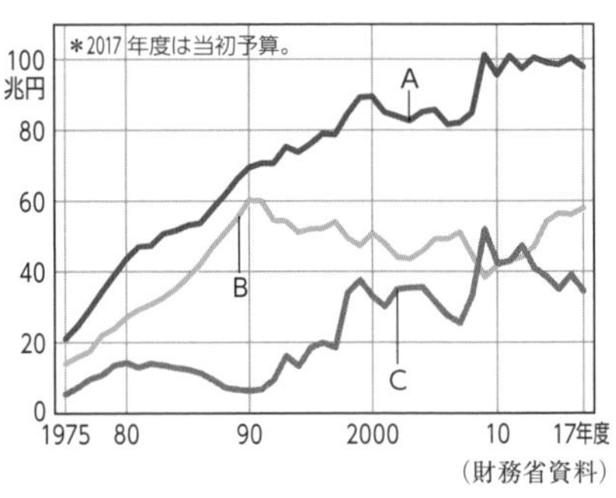

（財務省資料）

問2 税金のうちの所得税では，所得が多くなればなるほど高い税率を課す方法が採られている。この課税方法を何というか，書きなさい。（　　　　　）

問3 税金のうちの消費税について述べた次の文中の空欄A～Dにあてはまる語句を，あとのア～エから一つずつ選び，記号で答えなさい。

> 消費税は，働く世代など特定の人に（　A　）が集中することなく，（　B　）にも左右されにくいので，安定した税収が見こめるとされている。また，全ての世代で（　A　）するという点では（　C　）だと考えられる一方，（　D　）に関係なく同じ金額の商品を購入すれば同じ金額の税金を負担しなければならないのが問題点である。

ア　公平　　イ　景気　　ウ　負担　　エ　所得

A（　　）　B（　　）　C（　　）　D（　　）

❼ 解答

問1　a：○
　　b：円高
　　c：円安
問2　A：オ
　　B：イ
　　C：ウ
　　D：ア

ココがポイント！

問1　aは正しい。bは誤りで,「円高」が正しい。1ドル100円が1ドル90円になるということは，100円より少ない90円で1ドルと交換できるので,円の価値が上がった(円高になった)といえる。cは誤りで,「円安」が正しい。例えば，ドルを持って外国人観光客が日本へ来るとすると，円安なら，ドルの価値は上がったということなので，日本での旅行費用が安上がりになり，日本に来やすくなる。ドル以外の通貨でも円安の場合は同様なので，一般(いっ)に外国人観光客が増えると考えられる。

問2　生産拠点の海外移転は，広い市場と安い労働力を求めて行われる。

❽ 解答

問1　A：イ
　　B：ウ
　　C：ア
問2　累進課税
問3　A：ウ
　　B：イ
　　C：ア
　　D：エ

ココがポイント！

問1　日本の財政では，近年予算が約100兆円に達している。また，税収が多くなると国債発行額が少なくなり，逆に税収が少なくなると国債発行額が多くなる傾向(けいこう)がある。

問2　税金の公平性を確保するには，所得の多い人はより多く，同程度の所得の人は同程度の税負担をすることが重要で，累進(るいしん)課税は税負担の能力に応じた公平な課税方法として採用されている。

問3　消費税は所得の低い人ほど所得にしめる税負担の割合が高くなる逆進性がある。

⑨ 次の問いに答えなさい。

問1　日本の社会保障制度について，次の問いに答えなさい。

①　次の文中の空欄(くうらん)にあてはまる語句を書きなさい。　(　　　　　)

日本の社会保障制度の基本は，社会保険,(　　　)，社会福祉(ふくし)，公衆衛生の四つである。

②　日本の社会保障制度についての説明として誤っているものを，次のア～エから一つ選び，記号で答えなさい。　(　　　)

ア　社会保険には医療(いりょう)保険，年金保険，介護(かいご)保険，雇用(こよう)保険がある。

イ　社会保険は，希望者だけが加入して保険料を支払(しはら)う。

ウ　少子高齢(こうれい)化が進むと，社会保障の給付は増えるが保険料収入は減少する。

エ　社会保障給付費の財源の一部には，税金も入っている。

問2　日本の公害問題と環境(かんきょう)保全について，次の問いに答えなさい。

①　多くの被害者を生んで四大公害病といわれているのは水俣(みなまた)病と新潟(にいがた)水俣病，イタイイタイ病と，あと一つは何か，書きなさい。　(　　　　　)

②　循環(じゅんかん)型社会形成推進基本法が目指す循環型社会について説明した次の文中の空欄A～Cにあてはまる語句を，あとのア～エから一つずつ選び，記号で答えなさい。

循環型社会とは，3R，つまりごみを減らす(　A　)，まだ使えるものは再使用する(　B　)，ごみを再生利用する(　C　)を徹底(てってい)した社会である。

ア　リサイクル　　イ　リカバー　　ウ　リユース　　エ　リデュース

A(　　　)　B(　　　)　C(　　　)

⑨ 解答

問1　①公的扶助
　　　②イ
問2　①四日市ぜんそく
　　　②A：エ
　　　　B：ウ
　　　　C：ア

ココがポイント！

問1　①公的扶助(ふじょ)は生活保護とほぼ同じであるが，生活保護法に基(もと)づく制度としては,「公的扶助」を使う。②国民皆保険・皆年金が実現しているので，イが誤り。

問2　高度経済成長→四大公害病(水俣病，新潟水俣病，イタイイタイ病，四日市ぜんそく)・裁判→公害対策基本法の制定→公害防止対策本格化→産業公害減少，生活公害などの増加，地球環境問題(→資源の浪費，環境破壊)→環境基本法の制定→循環型社会形成推進基本法という流れを整理しておく。

導入の活動　SDGsから地球規模の課題についてとらえよう

●教科書 p.180～181

みんなでチャレンジ

(1) 現代社会には，持続可能な社会の実現のために，解決すべき地球規模の課題があります。それらは，教科書の初め（巻頭1・2）に出てきた，右のⒶからⒺのテーマに関わる課題です。教科書p.181の表（マトリックス）を使って，それぞれのテーマに関連する，SDGsのゴールを教科書p.180の**1**（持続可能な開発目標）から選び，番号で挙げましょう。ゴールは，ⒶからⒺのテーマの一つだけに関連するとは限りません。関連する全てのテーマと結び付けましょう。

Ⓐ環境・エネルギー
Ⓑ人権・平和
Ⓒ伝統・文化
Ⓓ防災・安全
Ⓔ情報・技術

(2)(1)で挙げたゴールの中から，持続可能な社会の実現のために優先度が高いと思うものを八つ選び，その中で達成する優先度が高いと考える順に，教科書p.181のランキングを使って並べましょう。そして，最も優先度が高いと考えるゴールについて，解決策を考えて書きましょう。

解答例　(1)（下表参照）

テーマ	関連するSDGsのゴールの番号（空欄があってもよい）							
Ⓐ環境・エネルギー	3	6	7	11	12	13	14	15
Ⓑ人権・平和	1	2	4	5	8	10	16	17
Ⓒ伝統・文化	8	9	11					
Ⓓ防災・安全	3	6	7	11	13			
Ⓔ情報・技術	6	7	8	9	11	12	13	14

(2)

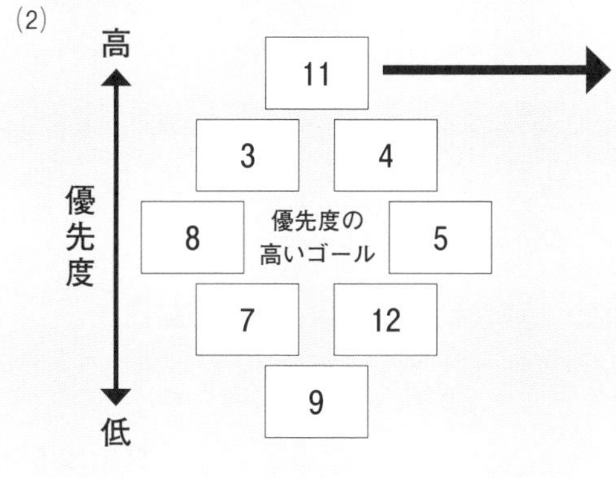

最も優先度が高いと考えたゴールに到達するための解決策
①　以前に比べて，住んでいるまち全体の行事（お祭りなど）が少なくなり，活発さがなくなっている。
②　少子高齢化と人口減少，まちの魅力が少ない。
③　まちおこしの取り組みで，住んでいるまちの魅力を見つけ，SNSやHPを利用して発信する。

探究のステップ　気付いたことを出し合おう

平和な国際社会の実現に向けて，私たちには何ができるでしょうか。

1節 ☑ 国際社会では，なぜさまざまな仕組みが生まれたのでしょうか。

2節 ☑ 国際社会のさまざまな問題を解決するために，なぜ各国の協力が必要なのでしょうか。

3節 ☑ 持続可能な地球社会を創るために，私たちには何ができるでしょうか。

1節 国際社会の仕組み

☑ 国際社会では，なぜさまざまな仕組みが生まれたのでしょうか。

1 国際社会における国家

●教科書 p.182〜183

ここに注目！

1 国家とは	2 国旗と国歌	3 国際法の役割と国際協調
国家とは何？	なぜ国旗と国歌があるの？	各国は国際法を尊重して，何をしていくことが求められるの？

？ 国際社会において，国家がたがいに尊重し合うためには何が大切なのかな？

考える　教科書p.183 6 のような護岸や〜

解答例　海水による侵食を防ぐことによって，領域と排他的経済水域を守るため。

チェック　国家の三つの要素のうちの，〜

解答例　(領域)「主権国家の領域は，その主権がおよぶ範囲です。領域は，領土，領海，領空で構成されます。」(主権)「国家の主権とは，ほかの国に干渉されたり支配されたりせずに，国内の政治や他国との外交をどのように行うか決める権利です。」

見方・考え方　教科書p.183 9 を見て，〜

解答例　気候変動の問題のように，世界全体で解決すべき問題が多く起こっているため。

1 国家とは

国家は国民，領域，主権の三つの要素がそろって成り立つ。

国家は国民，領域，主権の三つの要素がそろって成り立つ。主権を持つ国は主権国家とよばれ，他の主権国家とたがいに平等であるという主権平等の原則が認められる。また，国内の問題について他国から干渉（かんしょう）を受けることがないという内政不干渉の原則も認められる。

主権国家の領域は，領土，領海，領空で構成される。また，領海の外には，排他（はいた）的経済水域と大陸棚（たいりくだな）がある。

2 国旗と国歌

国旗や国歌は，その国の象徴である。

主権国家には，その国を象徴（しょうちょう）する国旗や国歌があり，歴史や文化が反映されている。日本は，1999年に国旗国歌法を制定し，日章旗を国旗，「君が代」を国歌と定めた。

3 国際法の役割と国際協調

各国は国際法を尊重して，国際協調の体制を作り，それを向上させていく必要がある。

国際社会には，国どうしの条約や，長い間の慣行が法となった公海自由の原則といった守るべき決まりがあり，これらを国際法とよぶ。各国は国際法を尊重して，国際協調の体制を作り，それを向上させていくことが求められている。

トライ　国際法が〜

解答例　国際法は，国どうしが主権を尊重し合うためだけでなく，世界全体で利益を共有するためにも必要であるから。

●教科書 p.184～185

2 領土をめぐる問題の現状 問題の解決に向けて

ここに注目！

1 日本が直面している問題

日本は固有の領土を
めぐって
どのような問題を
かかえているの？

？ 日本は，固有の領土をめぐってどのような問題をかかえ，どのような解決への取り組みを行っているのかな？

1 日本が直面している問題 韓国やロシアが不法に占拠する竹島や北方領土，中国や台湾が領有権を主張する尖閣諸島

日本は，第二次世界大戦後，平和主義を基本原理とする日本国憲法の下で国際協調を進め，平和で民主的な国家を造り上げてきた。しかし，その一方で，日本固有の領土をめぐって，現在でも周辺諸国との間で問題をかかえている地域も残されている。韓国やロシアに不法に占拠され，抗議を続けている竹島や北方領土，また，日本の固有の領土であり，領土問題は存在しない一方で，中国や台湾が領有権を主張している尖閣諸島が，それらの地域に当たる。

▼日本の領域と排他的経済水域

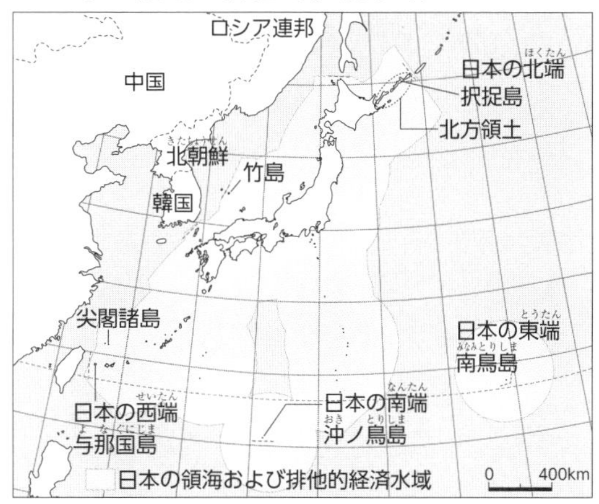

領土をめぐる問題がある地域を，地図でも確認しましょう！

トライ　地理や歴史での学習もふまえて，それぞれの地域がかかえる問題の解決策を考えましょう。

解答例　（省略）

チェック　それぞれの地域がかかえている問題の，起こった経緯や現状を，本文や資料からぬき出しましょう。

解答例　（本文）

「韓国やロシアに不法に占拠され，抗議を続けている竹島や北方領土，また，日本の固有の領土であり，領土問題は存在しない一方で，中国や台湾が領有権を主張している尖閣諸島がそれに当たります。」

（資料）

（竹島問題の経緯と取り組み）「平和条約が発効する直前の1952年１月，韓国の李承晩大統領は国際法に反して，公海上に一方的に漁業管轄権の範囲を示す線を設定し，日本の漁船の立ち入りを禁止しました。竹島はこの線の韓国側に取りこまれ，これ以降，韓国は竹島を不法に占拠して警備隊を常駐させ，さまざまな活動を行う状況が，現在も続いています。」「日本政府は，韓国に抗議を続ける一方で，1954年，1962年，2012（平成24）年の３回にわたって竹島問題を国際司法裁判所の判断に委ね，平和的に解決するという提案を行ってきましたが，韓国はこれを拒否し続けています。」

（北方領土問題の経緯と取り組み）「日本が降伏した後の８月18日からソ連は千島列島にも進出し，９月初旬には北方領土も全て占領しました。これ以降，北方領土は，ソ連やそれを引き継いだロシアが，不法に占拠した状態が続いています。」「現在も，ロシアとの間で北方領土の返還交渉をねばり強く続けています。」

（尖閣諸島への対応）「この報告の後，中国と台湾は尖閣諸島に対する権利を主張し始め，1971年になって，初めて公式に領有権を主張しました。」「中国は1992年，領海などに関する法律を制定して尖閣諸島の領有権を法律に明記し，2008年以降は尖閣諸島周辺の海に船を派遣して，日本の領海に侵入する例が多数起こっています。」「日本はこうした中国の行為に抗議するとともに，領海や領空の警備を強化しています。また同時に，東シナ海全体が平和で安全な海域になるように，外交的な努力も続けています。」

3 国際連合の仕組みと役割

●教科書 p.186～187

ここに注目！

1 平和の実現のための国際連合
なぜ国際連合がつくられたの？

2 国際連合の仕組み
国際連合はどのような仕組みなの？

3 国際連合の役割
国際連合はどのような役割を果たしているの？

？ 国際連合は，どのような役割を果たしているのかな？

1 平和の実現のための国際連合

世界の平和と安全を実現するために創設された。

世界の平和と安全を実現するため，1945年に国際連合憲章が採択(さいたく)され，国際連合(国連)が創設された。

2 国際連合の仕組み

総会を中心に構成され，安全保障理事会などの開催，専門機関などと連携した活動

本部はアメリカのニューヨークにあり，国連と連携(れんけい)して専門機関が活動している。総会は全ての加盟国で構成され，年１回定期的に開かれる。安全保障理事会(安保理(あんぽり))は，世界の平和と安全を維持(いじ)するため，強い権限をあたえられ，常任理事国５か国と，総会で選ばれた任期２年の非常任理事国10か国で構成されている。常任理事国は拒否(きょひ)権を持ち，重要な問題は１か国でも反対すると決定できない。

3 国際連合の役割

世界の平和と安全の維持

最大の役割は世界の平和と安全の維持で，侵略(しんりゃく)などをした国に制裁を加えることができる。平和維持活動(PKO)も行っている。また，2015年に持続可能な開発目標(SDGs(エスディージーズ))を定めた。

見方・考え方
(1)国連の総会の議決では，各国が１票を持ち，～
(2)安全保障理事会について，常任理事国や非常任理事国の～
(3)(1)と(2)の主張に賛成か反対か，自分の意見をまとめ，～

解答例 (1)国連の運営は各国の分担金で成り立っている。各国が平等に１票を持つならば，分担金も同じ金額を負担するのが公正である。
(2)国連設立当初に比べて現在の加盟国数は約４倍に増えているにもかかわらず，安全保障理事会の理事国の数が設立当初のままでは，各国の参加の機会の公正が守られていない。
(3)(省略)

チェック 国連の機関を本文や資料からぬき出し，そのうちの一つについて，役割を調べましょう。

解答例 ・「総会」
(役割)世界の平和と安全を実現するためのさまざまな問題について話し合い，決定したことを加盟国に勧告する。

トライ 国連の活動に対する日本の役割について，国連の役割に着目して，自分の考えを説明しましょう。

解答例 世界の平和と安全の維持という，国連の最大の役割の一端を日本も担い，積極的に貢献していくことが必要である。

集める 教科書p.186のⒶに～

解答例 第二次世界大戦によって荒廃した国々の子どもたちに緊急の食料をあたえ，健康管理を行う目的で1946年に設立された。

4 地域主義の動き

●教科書 p.188〜189

ここに注目！

1 グローバル化と地域主義
グローバル化と地域主義の動きとはどのような関係があるの？

2 世界の地域主義の動き
世界には，どのような地域主義の動きがあるの？

3 地域主義の課題
地域主義には，どのような課題があるの？

グローバル化が進展する中，各地域の結び付きが強くなってきたのはなぜかな？

1 グローバル化と地域主義

グローバル化が進んだことによって，特定の地域における各国の協力関係が強まった。

グローバル化が進んだ結果，それぞれの国が，他国との関係なしでは成り立たない，相互依存の関係にある。特定の地域で複数の国々が協力関係を強めようとする地域主義の動きが見られる。

2 世界の地域主義の動き

ヨーロッパ連合(EU)や東南アジア諸国連合(ASEAN)など。

ヨーロッパでは1993年にヨーロッパ連合(EU)が発足し，経済面ではEUの中央銀行が創られ，多くの加盟国が共通通貨のユーロを導入している。また，東南アジアでは1967年に東南アジア諸国連合(ASEAN)が発足した。アジア・太平洋地域ではアジア太平洋経済協力会議(APEC)が開かれ，この地域の多くの国々の間で環太平洋経済連携協定(TPP11)が調印された。特定の国と国の間で自由貿易協定(FTA)や経済連携協定(EPA)も結ばれている。

3 地域主義の課題

加盟国間の経済格差の拡大などの課題がある。

加盟国間の経済格差の拡大，自由貿易や地域主義による協力体制に疑問を投げかける自国中心の主張も見られる。

チェック　EUを例に，地域主義の中で〜

解答例　(本文)「経済面では，EUの中央銀行が創られ，多くの加盟国が共通通貨のユーロを導入しています。」「EUの地域内が同じ国のようにまとまって一つの市場になっており，外交や安全保障，治安維持などの面でも，共通の政策によって統合を強める努力が続いてきました。」
(資料)「ユーロはヨーロッパ連合(EU)の共通通貨で，加盟国27か国のうち19か国が導入しています。」

考える　EUに加盟することの利点や〜

解答例　EUの加盟国どうしで自由に移動できたり，ユーロ導入国ではどこでも同じ通貨を使える一方，加盟国が財政危機になったときに全体が影響を受けてしまうことがある。

読み取る　教科書p.188の6とp.189の7から〜

解答例　(EU)ヨーロッパ諸国で構成されている。EU全体での貿易額が世界全体の約3割をしめる。また，EU全体のGDPが世界全体の約2割をしめる。　など

トライ　地域主義で国際協力の体制が〜

解答例　(利点)加盟国間の関税が廃止・減額されることなどによって，貿易が活発になる。
(課題)加盟国間の経済格差。　など

5 新興国の台頭と経済格差

●教科書 p.190～191

ここに注目！

1 南北間の経済格差
南北問題とは
どのような問題なの？

2 新興国の台頭と南南問題
新興国とは
どのような国？
南南問題とは
どのような問題なの？

3 自立した経済発展を目指して
途上国が自立して
経済発展するためには
何が必要なの？

？ 世界の国々の間に，経済格差が生まれるのはなぜなの？

1 南北間の経済格差　発展途上国と先進工業国との経済格差

かつて植民地だった発展途上国(途上国)の中でも，独立後もモノカルチャー経済からぬけ出せない国々は，先進工業国(先進国)との間に，大きな経済格差が生まれている(南北問題)。

2 新興国の台頭と南南問題　新興工業経済地域(NIES)やBRICS，発展途上国の間にある経済格差

近年は急速に経済成長する新興国が現れてきている。1960年代以降に急速に工業化した新興工業経済地域(NIES)や，2000年代に入って急速に経済成長した，BRICSとよばれる5か国がある。一方で途上国の間でも経済格差が広がっており，南南問題とよばれる。

Q 「BRICS」とは何？

A ブラジル，ロシア連邦，インド，中国，南アフリカ共和国の5か国の頭文字から採られた呼称。

3 自立した経済発展を目指して　どのような援助や国際協力が望ましいかを考える必要がある。

第二次世界大戦後，植民地から独立した途上国は，産出する資源を，自国の経済や国民生活の発展のために使う権利があると主張するようになった。こうした中で，途上国の自立した経済発展を目指して，どのような援助や国際協力が望ましいかを考える必要がある。

読み取る (1)教科書p.190 **1**は，～　(2)**2**と**3**を見て，～

解答例 (1)国内総生産(GDP)
(2)(**2**)高層ビルが林立している。(**3**)鉄道の線路のすぐ脇に家が立ち並び，子どもたちが遊んでいる。

チェック 南北問題と南南問題は～

解答例 (南北問題)「ヨーロッパなどの植民地だった発展途上国(途上国)の中でも，独立後も限られた農産物や鉱産資源の輸出にたよるモノカルチャー経済からぬけ出せない国々は，先進工業国(先進国)との間に大きな経済格差が生まれています。」
(南南問題)「途上国の間でも経済格差が広がっており，南南問題とよばれています。」

集める 私たちが日常生活で～

解答例 チョコレート，コーヒーなど

トライ 発展途上国に求められる～

解答例 単なる経済援助だけでなく，将来にわたって豊かになれるように，教育支援や，農業・工業などの技術支援を継続して行っていく。

２節　さまざまな国際問題

☑ 国際社会のさまざまな問題を解決するために，なぜ各国の協力が必要なのでしょうか。

1　地球環境問題

●教科書 p.192〜193

ここに注目！

1 危機的な地球環境	2 地球温暖化と気候変動	3 国際社会の取り組み	4 地球環境問題の解決に向けて
地球環境はどのような危機に直面しているの？	地球温暖化によって，どのような気候変動が起こるの？	地球環境問題の解決に向けた国際的な取り組みとは？	地球環境問題の解決のために，どのような考え方が重要なの？

？ 地球にはどのような環境問題があり，その解決に向けてどのような取り組みがなされているのかな？

チェック　地球温暖化が起こっている理由を，本文や資料からぬき出しましょう。

解答例　「大気中に二酸化炭素(CO_2)などの温室効果ガスが増えること」「温室効果ガスの排出」

1 危機的な地球環境　砂漠化，大気汚染や酸性雨，オゾン層の破壊，地球温暖化，海洋汚染など

現在，森林伐採による砂漠化の拡大，自動車の排気ガスや工場のばい煙などによる大気汚染や酸性雨の発生，排出されたフロンガスによるオゾン層の破壊，地球温暖化の進行，海洋汚染の広がり，絶滅危機にある生物種の増加など，さまざまな地球環境問題に直面している。

2 地球温暖化と気候変動　自然災害などの被害，海面上昇による沿岸部の低地の水没

地球温暖化は，大気中に二酸化炭素(CO_2)などの温室効果ガスが増えることで起こる。地球温暖化は自然災害など多くの被害につながる。また，北極圏や南極大陸の氷が解けることで海面が上昇し，沿岸部の低地が水没することが心配されている。

3 国際社会の取り組み　国連環境開発会議（地球サミット）などの国際的な取り組み

地球環境問題の解決には国際協力が必要である。1992年には国連環境開発会議(地球サミット)が開かれ，気候変動枠組条約や生物多様性条約などが調印された。また，1997年に京都議定書が採択されたが，先進国と途上国との対立などの課題が残ったため，2015年にパリ協定が採択された。

4 地球環境問題の解決に向けて

「持続可能な社会」の考え方が重要である。

地球環境問題の解決には，社会や経済の発展と環境の保全とを両立させ，現在の世代の幸福だけでなく，将来の世代の幸福も満たせる「**持続可能な社会**」の考え方が重要である。

▼京都議定書とパリ協定の比較

京都議定書	パリ協定
1997年採択	2015年採択
38か国・地域に削減義務	196か国・地域が対象
削減目標値は政府間交渉で決定	削減目標値を各国が自ら決定
・先進国に排出削減の義務あり。目標が達成できなければ罰則。 ・発展途上国の排出削減の義務なし。	・全ての国に目標の策定，報告，見直しを義務付け。 ・全ての国に排出削減の目標達成の義務なし。

みんなでチャレンジ 地球温暖化の対策のための温室効果ガスの排出削減をめぐっては，先進国と途上国で対立が続きました。～

(1)パリ協定は京都議定書と比較して～
(2)温室効果ガスをより削減するには～
(3)温室効果ガスをより削減するために～

解答例 (1)・温室効果ガスの削減について，京都議定書は38か国・地域に義務付けていたのに対して，パリ協定では196か国・地域が対象になった。
・削減目標値の決定について，京都議定書は政府間交渉で行うのに対して，パリ協定では各国が自ら行うこととした。
・削減目標の達成義務について，京都議定書では先進国に排出削減の義務があり，目標が達成できなければ罰則が規定されていたが，発展途上国には排出削減の義務がなく，先進国と発展途上国の対立が生じた。これに対してパリ協定では，全ての国に目標の策定，報告，見直しを義務付けたが，全ての国に排出削減の目標達成の義務をなくした。
(2)(3)(省略)

排出削減目標達成のためには，各国・地域が責任を持って取り組むことが重要です。

考える Ⓐから Ⓓの地球環境問題は～

解答例
Ⓐ森林伐採
Ⓑ酸性雨
Ⓒ地球温暖化
Ⓓ自動車の排気ガスや工場のばい煙

トライ 地球環境問題の解決のために重要なことを，「協調」の観点から説明しましょう。

解答例 地球環境問題を世界共通の課題としてとらえ，それぞれの国・地域や国連などが連携して国際的な規則を作り，それが守られるように協調しながら努力すること。

2 資源・エネルギー問題 限りある資源と環境への配慮

●教科書 p.194〜195

ここに注目！

1 限りある資源	2 日本のエネルギー消費の状況	3 これからの日本のエネルギー
世界の資源の状況は？	日本のエネルギー消費の状況は？	これからの日本は，どのようなエネルギーの利用を進めていくの？

？ 世界のエネルギーにはどのような課題があり，その解決に向けてどのような取り組みがなされているのかな？

読み取る

教科書p.194の1と2を〜

解答例 2から，化石燃料は中東，旧ソ連，南北アメリカの地域で多く採れることが読み取れ，これらの地域を中心に，エネルギー消費量が多いことが，1から読み取れる。

チェック

化石燃料を，エネルギーの〜

解答例 化石燃料は有限であるとともに，温室効果ガスを発生させるため，地球温暖化が進んでしまうこと。

など

トライ

世界のエネルギー問題の〜

解答例 太陽光や風力，地熱，バイオマスなどの再生可能エネルギーを利用した発電技術を高め，世界のどの地域でも利用できるような発電方法を確立していく。

1 限りある資源

最も多く使われているのは化石燃料。新たなエネルギー資源の開発も求められている。

エネルギーを起こす資源として，世界で最も多く使われているのは石炭，石油，天然ガスなどの化石燃料で，エネルギー消費量の８割以上をしめる(2016年現在)。これらの資源は，埋蔵(まいぞう)する地域の分布にかたよりがあり，採掘(さいくつ)できる年数も限られている。

資源やエネルギーの消費量をおさえる，省資源・省エネルギーの技術の開発とともに，新たなエネルギー資源の開発も求められている。

2 日本のエネルギー消費の状況

発電に使われる資源の約９割を輸入にたよっている。

日本の電力は主に，水力発電，火力発電，原子力発電で供給されてきた。しかし，発電に使われる資源は約92%を輸入にたよっており(2016年現在)，化石燃料の価格が上昇傾向(じょうしょうけいこう)にあるため，貿易での収支に影響(えいきょう)をあたえている。

3 これからの日本のエネルギー

再生可能エネルギーを利用した発電の普及

原子力発電は海外から燃料を安定して供給でき，少ない燃料で多くの電力を得られ，二酸化炭素を排出しないという利点があるが，放射性物質をあつかうため，事故が起こると被害(ひがい)が大きい。また，放射性廃棄物(はいきぶつ)の最終処分場をどこに設けるかという課題もあり，電力の確保について，改めて議論が起こっている。一方，資源確保の必要がなく，二酸化炭素を排出しない再生可能エネルギーを利用した発電の普及(ふきゅう)が進められているが，発電の費用などに課題がある。

●教科書 p.198〜199

3 貧困問題 公正な世界を創る

ここに注目！

1 人口の急増と貧困
人口の急増と貧困とは，どのような関係があるの？

2 世界の貧困問題
世界にはどのような貧困問題があるの？

3 途上国の人々の自立に向けて
途上国の人々の自立に向けてどのような取り組みをしているの？

？ 貧困問題の解決に向けて，どのような取り組みが必要なのかな？

1 人口の急増と貧困

人口急増に経済発展が追いつかず，多くの人々が貧困の状態である。

2018年の世界人口は約76億人で，途上国では人口急増に経済発展が追いつかず，多くの人々が貧困の状態である。

2 世界の貧困問題

特に，サハラ砂漠以南のアフリカの貧困が深刻である。飢餓の状態の人々も多い。

世界では，約８億人が貧困の状態にあり（2013年現在），特に深刻なのがサハラ砂漠以南のアフリカである。世界には，栄養不足が長く続き，生存に必要な最低限の生活が難しい飢餓の状態の人々が，途上国を中心に約８億人いる（2012〜14年現在）。

3 途上国の人々の自立に向けて

フェアトレード，マイクロクレジット

国連は，2015年に持続可能な開発目標（SDGs）を定めて，貧困や飢餓の根絶や，教育の普及に取り組んでいる。近年では，途上国の人々が生産した農産物や製品を，その労働に見合う公正な価格で貿易するフェアトレード（公正貿易）が注目されている。また，貧しい人々が事業を始めるために，少額のお金を貸し出すマイクロクレジット（少額融資）の取り組みが，大きな成果を上げている。

読み取る 教科書p.198の 1 を見て，〜

解答例 アフリカの中部（サハラ砂漠以南）の地域。東アジアや南アメリカの一部の地域。

チェック 貧困が起こる理由を，本文や資料からぬき出しましょう。

解答例 「人口急増に経済の発展が追いつかず」「水道や電気などの社会資本が整備されていないことや，雇用や医療サービス，教育の機会が不足していること」「気候の変動によって起こる大規模な自然災害や，地域紛争」

トライ 貧困や飢餓の問題を解決するために，自分にできることを，「効率」と「公正」の観点から考えましょう。

解答例
・世界の貧困・飢餓について関心を持ち，その現状を学ぶとともに，支援をしているNPOやNGOの活動を調べる。
・支援を行う団体や組織に寄付をする。
・支援を行う団体や組織の国内イベントに参加する。
など

●教科書 p.200〜201

4 新しい戦争 平和な世界に向けて

ここに注目！

1 地域紛争
地域紛争とはどのような戦争なの？

2 テロリズム
テロリズムとはどのような行為なの？

3 戦争のない世界を目指す取り組み
戦争のない世界を目指して，どのような取り組みが行われているの？

？ 戦争のない平和な世界にするために，どのような取り組みが必要なのかな？

チェック　地域紛争を，「新しい戦争」とよぶ理由を，これまでの戦争とのちがいに着目して説明しましょう。

解答例　「戦争」という言葉は，冷戦の終結までは，主に国と国との戦いを意味していたが，近年は宗教や民族の対立や，一般人への無差別攻撃など，対立する構図が変化してきたから。

1 地域紛争　国内や，周辺の国を巻きこんだ形で起こる戦争

国内や，周辺の国を巻きこむ**地域紛争**の多くは，異なる民族や宗教を弾圧したり排除したりする**民族紛争**の形で起こる。各国で宗教や民族の対立が表面化したことや，貧富の差が拡大し，貧困や政治体制に対する不満を，武力で解消しようとする人々が増えたことなどが背景にある。

2 テロリズム　武器などを持った集団による，敵対勢力への攻撃，自爆，建造物の破壊など

テロリズムは，武器などを持った集団が，敵対する勢力を攻撃したり，自爆することで一般の人々を無差別に死傷させたり，建造物を破壊したりする行為であり，近年増加している。テロの背景にも，宗教のちがいや貧困の問題などがあると考えられている。

3 戦争のない世界を目指す取り組み　軍縮や核保有の制限・禁止

戦争を防ぐためには，**軍縮**を進めることが必要である。1968年に核保有国以外の国が**核兵器**を持つことを禁止する**核拡散防止条約**が採択されたが，これ以降も新たに核兵器を保有する国などがあることが課題である。2017年には，**核兵器禁止条約**が採択されたが，核保有国を中心に多くの国が参加していない。

▼世界各国の軍事支出

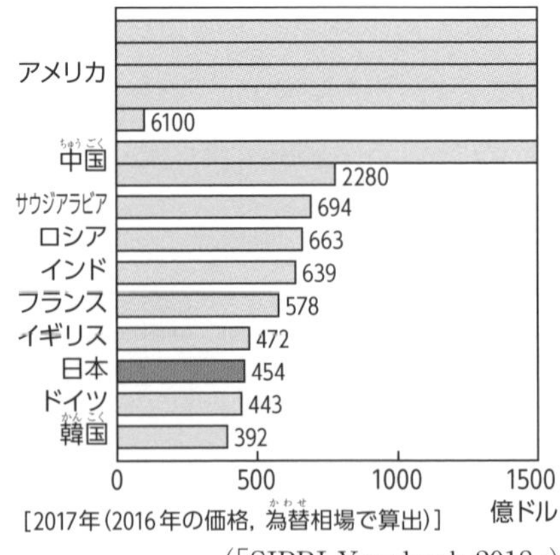

［2017年（2016年の価格，為替相場で算出）］

（「SIPRI Yearbook 2018」）

トライ　戦争のない世界を実現するために必要な取り組みを，「協調」の観点から説明しましょう。

解答例　各国が協調して，自国の軍備の規模を縮小する方向で調整することを続けていくこと。

5 難民問題

●教科書 p.202〜203

ここに注目！

1 二度の世界大戦と難民
なぜ難民が生まれたの？

2 難民を生みだすさまざまな要因
難民を生みだす要因は何？

3 難民問題の解決に向けて
難民問題を解決するためには，どうすることが必要なの？

？ 難民問題の解決に向けて，どのような取り組みが必要なのかな？

1 二度の世界大戦と難民

二度の世界大戦は，世界各地で，多数の難民を生みだした。

二度の世界大戦は，世界各地で，暮らしていた場所から周辺国などへとにげこむ多数の難民を生みだした。1950年に国連難民高等弁務官事務所（UNHCR）が設立され，難民を保護する活動が始まった。

2 難民を生みだすさまざまな要因

貧困や地域紛争のほか，気候変動で起こる自然災害など，さまざまな要因がある。

第二次世界大戦後，平和に暮らしていた人々が，地域紛争（ふんそう）や貧困（ひんこん）のほか，気候変動で起こる自然災害など，さまざまな要因で生活の場をうばわれた。特に1990年代以降は，一度に多くの人々が住み慣れた土地をはなれ，国内の別の場所に移動する国内避難（ひなん）民になったり，国境をこえて周辺国に移動したりする例が増えている。

3 難民問題の解決に向けて

難民を生みだす問題を根本的に解決し，平和な暮らしを突然うばわれない社会を築くこと

UNHCRなどの国際組織は,，難民を保護するための難民キャンプを設けて，食料や水，生活用品などを援助（えんじょ）している。現在の国際社会では，難民の増加によって，これまで難民を受け入れてきた周辺国の対応も難しくなってきている。難民を生みだす問題を根本的に解決し，平和な暮らしを突然うばわれない社会を築くことが重要である。

(1)ドイツが移民・難民を受け入れている理由を調べましょう。
(2)受け入れの結果，ドイツの国内でどのような課題が〜

解答例 (1)第二次世界大戦中，ナチス・ドイツがユダヤ人などの迫害という非人道的な行為を行った反省から，戦後，過去の自らの犯罪から目をそらさずに人道的な道を歩んできたから。
(2)移民・難民への教育・労働・医療などの支援体制を整えて，自国民が不利益を受けないようにすること。

チェック 難民とは，どのような〜

解答例 「暮らしていた場所から周辺国などへとにげこむ，多数の難民」「人種，宗教，国籍もしくは特定の社会的集団の構成員であることまたは政治的意見を理由に迫害を受けるおそれがあるという十分に理由のある恐怖を有するために，国籍国の外にいる者であって，その国籍国の保護を受けることができない者またはそのような恐怖を有するためにその国籍国の保護を受けることを望まない者。」

難民問題の解決に必要な〜

解答例 難民を受け入れる国が，難民へのさまざまな支援の体制を整えられるように，各国が協力し合って受け入れ国に経済支援や人材支援ができるような仕組みを作っていく。 など

3節　これからの地球社会と日本

☑ 持続可能な地球社会を創るために，私たちには何ができるでしょうか。

1　世界と協力する日本

●教科書 p.204～205

ここに注目！

1 日本の平和主義と国際貢献
日本はどのような方針で外交を行っているの？

2 日本の外交政策
日本は，どのような国と関係を保ちながら，外交政策を進めているの？

？ グローバル化が進展する中，日本は世界とどのような協力を行っているのかな？

チェック　日本の国際貢献を，(1)途上国の開発，(2)国際協力の面で，本文や資料からぬき出しましょう。

解答例　(1)「政府開発援助（ODA）を中心に，お金だけでなく，人材育成や技術援助の面でも途上国の開発を支援しています。」「日本の政府開発援助（ODA）で造られた橋」「青年海外協力隊の技術援助」「国連平和維持活動（PKO）を行う自衛隊」
(2)「地球環境問題や地域紛争などの解決については，国際協力のための枠組作りに貢献しています。」「「持続可能な開発のための2030アジェンダ（行動計画）」の策定」「アフリカ開発会議（TICAD）」

1 日本の平和主義と国際貢献

平和主義と国際貢献を方針とした外交，国際協力のための枠組み作り

第二次世界大戦後の日本は，平和主義と国際貢献を外交の重要な方針にしている。日本は，日本国憲法の前文と第9条で平和主義を採ることを明確に示している。国際貢献については，政府開発援助（ODA）を中心に，お金だけでなく，人材育成や技術援助の面でも途上国の開発を支援している。また，地球環境問題や地域紛争などの解決については，国際協力のための枠組み作りに貢献している。

2 日本の外交政策

アメリカとの同盟関係，東アジア諸国との経済的な相互依存関係。解決すべき課題もある。

戦後の日本の外交では，アメリカとの関係が重要である。現在の国際社会の中で，日米安全保障条約に基づく日本とアメリカの同盟は，日米両国だけでなく，アジアをはじめとする世界の安定にも影響する。また，東アジアにおいて，日本は中国や韓国と経済的に相互依存の関係を強めており，急速に経済を発展させている東南アジア諸国との連携も強化している。一方，近隣諸国との間で解決すべき課題も残っている。国際社会の平和を乱す，問題の多い政策を取り続けてきた朝鮮民主主義人民共和国（北朝鮮）との間では，日本人が北朝鮮に拉致された問題も解決していない。

トライ　これからの国際社会で～

解答例　再生可能エネルギーの安定的な供給のための技術開発など，地球規模の環境問題を解決するために，日本の技術を役立てていくべきである。

2 より良い地球社会を目指して

●教科書 p.206〜207

ここに注目！

1 地球社会の多様性
地球社会における多様性とはどのようなものなの？

2 多様性の尊重
多様性の尊重は，どのようなことにつながるの？

3 持続可能な社会のために
持続可能な社会のために，私たちは何をすることが求められているの？

？ 持続可能な社会を創り，地球上の全ての人がより良い生活を送るために必要なことは何かな？

1 地球社会の多様性

世界各地にはさまざまな民族が暮らし，さまざまな文化が育まれている。

世界各地には，さまざまな民族が暮らしている。また，その地域の気候や歴史の中で，さまざまな文化が育まれている。世界に見られる多様性は，地球社会を豊かにしている。

2 多様性の尊重

「人間の安全保障」の考え方を生かして，世界平和を実現し，持続可能な社会を築く。

UNESCO(ユネスコ)の提案で1972年に採択(さいたく)された世界遺産条約は，世界の貴重な自然や文化財を世界遺産として保護することで，将来に残すことが目的である。2001年に採択された「文化の多様性に関する世界宣言」は，文化の多様性を「人類共通の遺産」と位置付け，民主主義の実現や社会の発展に欠かせないものであるとしている。

現在の国際社会では，一人一人の人間の生命や人権を大切にするという「人間の安全保障」の考え方を生かして，平和と安全を実現することが求められている。世界の平和を実現し，持続可能な社会を築くためには，多様性を尊重しながら，異なる文化を十分に理解すること(異文化理解)に努め，他者とのちがいを寛容(かんよう)に受け入れることが必要である。

3 持続可能な社会のために

地球に暮らしている一人の人間として，国境をこえて協力し合うことが求められている。

私たちは今，身近な地域，日本という国，そして地球に暮らしている一人の人間として，国境をこえて協力し合うことが求められている。

教科書p.207の**4**は文化のちがいから対立が生じた例です。〜
(1)班で〜　(2)同じ立場の〜　(3)班活動での〜　(4)文化の多様性の〜

解答例 (1)〜(4)(省略)

読み取る　**1**のⒶからⒸの世界遺産は〜

解答例 Ⓐキリスト教　Ⓑ仏教　Ⓒイスラム教

多様性を尊重しないことで〜

解答例 「異なる民族や文化の間で対立が起こっている所もあります。」「フランス政府は，政教分離の原則を基に公立学校で女性のスカーフ着用を禁止しました。」「2001年に，イスラム政権が仏像を破壊しました。」

トライ　世界平和の実現のために自分に〜

解答例 他者をかけがえのない個人として尊重する意識を常に持ち，友達や他のグループとの間で対立が生じても，感情的にならず，冷静に話し合ってたがいに納得する解決策を見つける。など

探究のステップ　探究のステップの問いを解決しよう　●教科書 p.208

節	解答例
1節　国際社会では，なぜさまざまな仕組みが生まれたのでしょうか。	(仕組みの事例)主権国家，領域，国際法，国際連合，EU，ASEAN，NIES，BRICSなど (国際社会でさまざまな仕組みが生まれたのは，)国どうしがたがいに尊重し合いながら発展するために，国家の枠をこえたルールや協力体制が必要である(から。)
2節　国際社会のさまざまな問題を解決するために，なぜ各国の協力が必要なのでしょうか。	(起こっている理由や背景)地球環境問題→地球温暖化など／資源・エネルギー問題→化石燃料の消費など／貧困問題→インフラの未整備，医療・教育の不足など／新しい戦争→宗教・民族の対立など／難民問題→地域紛争，貧困など (国際社会のさまざまな問題を解決するために，各国の協力が必要なのは，)これらの問題は国をこえた地域や世界全体で起こっているから。
3節　持続可能な地球社会を創るために，私たちには何ができるでしょうか。	(事実)貧困問題／(理由)「人間の安全保障」／(裏付け)SDGs／(主張)貧困の地域に，技術支援とともに教育支援を行うべきである。 (考察結果)(持続可能な地球社会を創るために私たちにできることは)ODAの取り組みを調べて，貧困地域への技術支援や教育支援に関わる寄付をすること。

基礎・基本のまとめ　第5章の学習をふり返ろう　●教科書 p.209

1 ❶**主権国家**：主権を持つ国。「主権平等の原則」と「内政不干渉の原則」が認められる。

❷**領域(領土・領海・領空)**：主権国家の領域は，その主権がおよぶ範囲であり，領域は，土地である領土，沿岸から特定の距離までの領海，領土と領海の上空である領空で構成される。

❸**排他的経済水域**：沿岸から200海里までのうち，領海を除く範囲の水域。この水域にある漁業資源の獲得や鉱産資源の開発は沿岸国に認められている。

❹**国際法**：国際社会にある，国どうしの条約や，長い間の慣行が法となった守るべき決まり。

❺**国際協調**：各国が国際法を尊重して，たがいに協力や共存を目指して取り組むこと。

❻**竹島・尖閣諸島・北方領土**：竹島は島根県に属する島で，現在は韓国に不法に占拠されている。尖閣諸島には領土問題は存在しないが，中国や台湾が領有権を主張している。北方領土は，ロシアに不法に占拠されている。

❼**国際連合**：第二次世界大戦の反省から，世界の平和と安全を実現するため，1945年に国際連合憲章が採択され，創設された国際組織。

❽**総会**：国際連合の機関の一つで，全ての加盟国で構成され，年１回定期的に開かれる。

❾**安全保障理事会**：国際連合の機関の一つで，世界の平和と安全を維持するため，強い権限があたえられている。常任理事国５か国と，総会で選ばれた任期２年の非常任理事国10か国で構成されている。

❿**専門機関**：国際連合と連携して活動する機関。国連教育科学文化機関(UNESCO)や世界保健機関(WHO)などがある。

⓫**拒否権**：安全保障理事会において，常任理事国が持つ権限。重要な問題は１か国でも反対すると決定できない。

⓬**平和維持活動(PKO)**：紛争が起こった地域で，停戦や選挙の監視などを行う国連の活動。

⓭**持続可能な開発目標(SDGs)**：2030年までに持続可能でより良い世界を目指す国際目標。17のゴール，169のターゲットから構成されている。

⓮**地域主義**：特定の地域で，複数の国々が協力関係を強めようとする動き。

⓯**ヨーロッパ連合(EU)**：1993年にヨーロッパで発足した協力体制。EUの中央銀行が創られ，多くの加盟国が共通通貨のユーロを導入して

いる。

⑯**東南アジア諸国連合（ASEAN）**：1967年に，東南アジアで地域の安定と発展を目指して発足した協力体制。

⑰**アジア太平洋経済協力会議（APEC）**：アジア・太平洋地域で，経済協力を目的として行われている合議体制。

⑱**南北問題・南南問題**：かつて植民地だった発展途上国と先進工業国との間にある大きな経済格差を南北問題，発展途上国の間で生じている経済格差を南南問題とよぶ。

⑲**国連環境開発会議（地球サミット）**：1992年に開かれた，地球環境に関する国際会議。気候変動枠組条約などが調印された。

⑳**京都議定書**：1997年に開かれた地球温暖化防止京都会議で採択された。先進国に温室効果ガスの排出量の削減を義務付けた。

㉑**化石燃料**：エネルギーを起こすために使われる石炭，石油，天然ガスなどの燃料。

㉒**再生可能エネルギー**：資源を確保する必要がなく，二酸化炭素を排出しないエネルギー 。太陽光や風力，地熱，バイオマスなどがある。

㉓**貧困**：１日の生活に使える金額が1.9ドル未満の状態。

㉔**フェアトレード**：途上国の人々が生産した農産物や製品を，その労働に見合う公正な金額で取り引きすること。

㉕**マイクロクレジット**：貧しい人々が事業を始めるために，少額のお金を貸し出す仕組み。

㉖**地域紛争**：国内や，周辺の国を巻きこんだ形で起こる戦争。

㉗**テロリズム**：武器などを持った集団が，敵対する勢力を攻撃したり，自爆することで一般の人々を無差別に死傷させたり，建造物を破壊したりする行為。

㉘**核拡散防止条約**：1968年に採択された，核保有国以外の国が核兵器を持つことを禁止した条約。

㉙**難民**：戦争などによって，暮らしていた場所から周辺国などへにげこんだ人々 。

㉚**政府開発援助（ODA）**：主に開発途上地域の開発を目的として，政府などの機関によって行う国際協力活動。

㉛**多様性**：世界各地にさまざまな民族や文化が存在すること。

㉜**人間の安全保障**：一人一人の人間の生命や人権を大切にするという考え方。

2　**ア**　化石燃料　**イ**　再生可能エネルギー
ウ　貧困　**エ**　地域紛争　**オ**　テロリズム
カ　難民　**キ**　南北問題・南南問題
ク　主権国家　**ケ**　領域（領土・領海・領空）
コ　地域主義　**サ**　ヨーロッパ連合（EU）
シ　東南アジア諸国連合（ASEAN）
ス　アジア太平洋経済協力会議（APEC）
セ　国際連合　**ソ**　総会
タ　安全保障理事会　**チ**　専門機関
ツ　拒否権
テ　国連環境開発会議（地球サミット）
ト　京都議定書　**ナ**　政府開発援助（ODA）
ニ　多様性　**ヌ**　フェアトレード
ネ　マイクロクレジット
ノ　核拡散防止条約　**ハ**　国際法
＊**エ**，**オ**／**サ**～**ス**／**テ**，**ト**／**ヌ**，**ネ**順不同

まとめの活動　はちみつの争い

●教科書 p.210～211

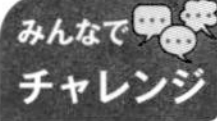

(1)ハニコン村が～／(2)グループで～／(3)各グループの～／(4)各グループの～

解答例　(1)(2)りこさんのグループのカードを参考に課題と解決策を考えましょう。(3)(4)（省略）

解法のポイント! **定期テスト完全攻略！**

❶ 右の国家の姿を表した模式図を見て，次の問いに答えなさい。

問1　図中の空欄X，Yにあてはまる語句，または数字を書きなさい。　X（　　　　　）Y（　　　　　）

問2　図中の下線部について，排他的経済水域では沿岸国にどのような権利が認められているか，書きなさい。
（　　　　　　　　　　　　　　　　　　　　　）

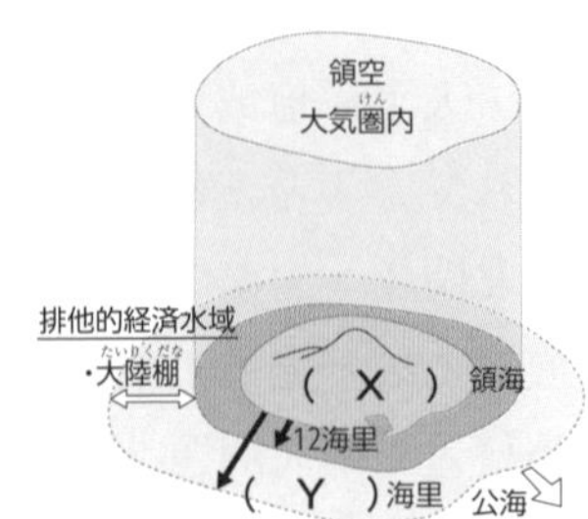

❷ 右の日本の領域を示した地図を見て，次の問いに答えなさい。

問1　右の地図中に，日本の北端の境界線を，書き入れなさい。

問2　次の文中の空欄にあてはまる共通の語句を書きなさい。　（　　　　　）

（　　　）は国連の機関であり，国家間の紛争の裁判を行っている。日本は韓国に対して，竹島問題を（　　　）にゆだね，平和的に解決するという提案を行ったことがあるが，実現はしていない。

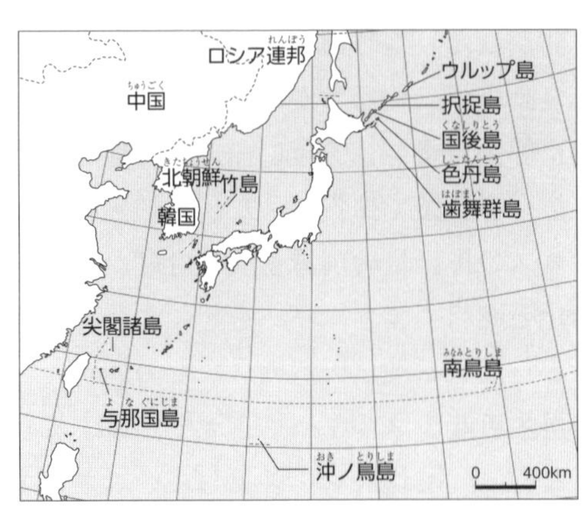

問3　尖閣諸島の領有を主張し，日本の領海に侵入している国はどこか，書きなさい。
（　　　　　）

❸ 右の国際連合の仕組み図を見て，あとの問いに答えなさい。

問1　図中の下線部aについて，次の文中の空欄にあてはまる語句を書きなさい。（　　　　　）

国連総会では，（　　　）の原則に従って，全ての加盟国が平等に１票の議決権を持っている。

問2　図中の下線部bでは，常任・非常任理事国15か国中の多数が賛成しても，決議案が否決される場合がある。それはどのような場合か，「拒否権」「１か国」の語句を使って説明しなさい。
（　　　　　　　　　　　　　　　　　　　　　）

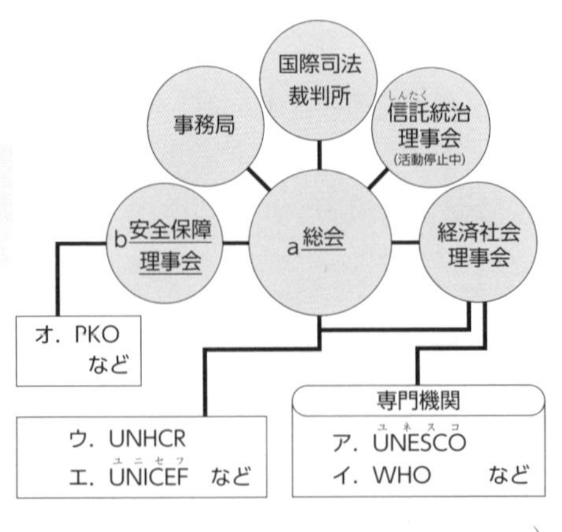

❶ 解答

問１　X：領土
　　　Y：200

問２　(例)　沿岸国には，排他的経済水域内の漁業資源や鉱産資源を開発する権利が認められている。

ココがポイント！

問１　国家の領域は，領土，領海，領空から成っている。排他的経済水域は，領海の外の海岸線から200海里の範囲の海である。

問２　排他的経済水域をどれだけ確保するかは，各国にとって重要な問題である。島国である日本は，領土の11倍以上の領海と排他的経済水域を持っている。沖ノ鳥島は，非常に小さな島だが，この島があることで周囲の排他的経済水域を確保できるため，護岸工事を行い，波の侵食で島が失われないようにしている。

❷ 解答

問１　下図(赤い点線)

問２　国際司法裁判所

問３　中国

ココがポイント！

問１　日本の北端の島は択捉島。境界線は択捉島とウルップ島との間である。

問２　国際司法裁判所は，当事国の同意が得られなければ裁判が始められないことになっている。

問３　中国は領海などに関する法律を制定して尖閣諸島の領有権を法律に明記し，尖閣諸島周辺の海に船を派遣して，日本の領海に侵入する例が多数起こっている。

❸ 解答

問１　主権平等

問２　(例)　安全保障理事会の常任理事国には拒否権があり，５か国の常任理事国のうち１か国でも反対すれば否決される。

問３　①ウ
　　　②オ
　　　③イ

ココがポイント！

問１　国際社会を構成する国家は主権平等の権利を持っている。その国家が加盟するのが国連である。総会の１国１票制には国家の主権平等の原則が示されている。

問２　常任理事国はアメリカ，ロシア連邦，イギリス，フランス，中国の５か国である。

問３　国連機関をはじめとする国際機関は，日本語の名称だけでなく，アルファベットの略称もおさえておきたい。略称の元になっている英語の名称を調べておくと，意味も覚えやすい。

問3　次の①～③の活動を行っている機関または活動名を，図中のア～オから一つずつ選び，記号で答えなさい。

①　難民に関する諸問題の解決を進める活動　(　　)

②　紛争(ふんそう)地域で，紛争後の停戦や選挙の監視(かんし)をするなどの活動　(　　)

③　保健衛生や感染症(かんせんしょう)対策などの活動　(　　)

❹ 地域主義の主な動きをまとめた右の表を見て，あとの問いに答えなさい。

	加盟国(2020.12現在)	目的
EU	ドイツ，フランス，イタリアなど27か国	ヨーロッパの経済，政治などの統合
①	インドネシア，マレーシア，フィリピンなど10か国	経済，政治，安全保障などでの協力や安定の確保
②	アジア太平洋地域の21の国・地域	アジア太平洋地域での経済協力を目指す

問1　表中の①，②のうち，日本が加盟しているのはどちらか，番号で答えなさい。　(　　)

問2　EUの説明として誤っているものを次のア～エから一つ選び，記号で答えなさい。

ア　共通通貨のユーロを導入したことにより，全ての加盟国が自国の通貨を廃止(はいし)した。

イ　東ヨーロッパを中心に加盟国が増加した結果，加盟国間で経済格差が生まれている。

ウ　域内は，人，物，金の移動が自由な一つの国内市場のようになっている。

エ　経済面だけでなく，外交や安全保障などでも共通政策を強化しようとしている。

(　　)

❺ 次の文を読み，あとの問いに答えなさい。

今日，人類共通の課題となっている地球環境問題には，森林伐採(ばっさい)による砂漠(さばく)化の進行，排気(はいき)ガスや工場のばい煙(えん)による(　X　)や酸性雨の発生，(　Y　)ガスの排出(はいしゅつ)によるオゾン層の破壊(はかい)，海洋汚染(おせん)など，さまざまなものがある。中でもa地球温暖化は，世界のbエネルギー供給の在り方の問題でもあり，c温暖化防止のための国際的な取り組みが進められている。

問1　文中の空欄(くうらん)X，Yにあてはまる語句を書きなさい。X(　　　)　Y(　　　)

問2　文中の下線部aについて，地球温暖化の進行により予想される現象や被害(ひがい)を一つ書きなさい。　(　　　)

問3　文中の下線部bについて，主な発電方法の特徴(とくちょう)を説明した①～④の空欄にあてはまる発電方法を書きなさい。

①(　　)は，電力供給は安定的で温室効果ガスを排出しないが，事故の被害が大きい。

②(　　)は，電力供給は安定的だが，温室効果ガスを排出し，燃料枯渇(こかつ)のおそれがある。

③(　　)は，小規模の設置がしやすいが，電力供給が気象条件に左右されるものもある。

④(　　)は，エネルギー資源は国内で確保できるが，立地が限定される。

①(　　　)　②(　　　)　③(　　　)　④(　　　)

問4　文中の下線部cについて，1997年の京都(きょうと)議定書における課題を解決するために，2015年に採択(さいたく)された協定を書きなさい。　(　　　)

❹ 解答

問1　②
問2　ア

ココがポイント！

問1　①は東南アジア諸国連合(ASEAN)，②はアジア太平洋経済協力会議(APEC)である。日本が加盟しているのは②のAPECである。

問2　EU加盟国でも，デンマークのようにユーロを導入しない国，まだ導入を認められていない国があるので，アが誤り。なお，イギリスは2020年にEUを離脱した。

❺ 解答

問1　X：大気汚染
　　　Y：フロン
問2　(例)　海水面の上昇
問3　①原子力発電
　　　②火力発電
　　　③再生可能エネルギー
　　　④水力発電
問4　パリ協定

ココがポイント！

問1　オゾン層破壊の主な原因はフロンガスである。

問2　地球規模で気温が上昇することから，海水面の上昇のほかに，自然災害(干ばつや洪水など)が起こるといった，多くの被害が予想されている。

問3　主な問題点から見ると，①事故の被害が大きいのは原子力発電。②地球温暖化の原因となる温室効果ガスの排出は火力発電。③供給が気象条件に左右されるものがあるのは再生可能エネルギー。④立地の制限があるのは水力発電である。

問4　先進国に温室効果ガスの排出量の制限を義務付けた京都議定書では，アメリカが離脱し，先進国と発展途上国との間で対立が生じたため，この解決のために，全ての国に目標の策定，報告，見直しを義務付けるパリ協定が採択された。

1 持続可能な社会の形成者として

社会の課題を「自分事」としてとらえて，その解決策を探究していくことが求められる。

持続可能な社会の形成者として，社会の課題を解決するために「自分にできること」を提案する。その際,「効率と公正」といった，社会的な見方・考え方を活用することも大切である。

2 持続可能な社会を実現するために

課題の設定→資料の収集と探究→レポートにまとめる

(1) 五つのテーマの中から，解決すべき課題を設定しよう

持続可能な社会を実現するために解決すべき課題には，次のようなものがある。

テーマ	具体的な課題
環境(かんきょう)・エネルギー	公害・環境保全，地球環境問題，資源・エネルギー問題など
人権・平和	差別・人権侵害(しんがい)，戦争・紛争(ふんそう)・難民問題，貧困(ひんこん)・飢餓(きが)など
伝統・文化	伝統文化の継承(けいしょう)と保存，多文化共生，宗教間の対立など
防災・安全	災害に強いまちづくり，東日本大震災(しんさい)からの復興，交通安全など
情報・技術	情報化にともなう社会の変化・情報格差の問題など

(2) 資料を集め，探究しよう

例えば,「紛争」について探究する場合，次のような手順が考えられる。

① 地域紛争が発生している世界の地域を調べる。
② 地域紛争が発生している地域を地図に示す。
③ 特に興味を持った地域紛争を一つ選び，その原因や現状について調べる。
④ 世界や日本が，解決のためにどのような取り組みや協力をしているかについて調べる。
⑤ これからの日本の取り組みや自分にできることについて，考えたことをまとめる。

(3) アクションプランとしてレポートにまとめよう

レポートにまとめる際には，次のような項目(こうもく)を立てる。

① 探究課題　② 課題設定の理由　③ 探究の方法　④ 探究の内容（調べて分かったこと）　⑤ 探究のまとめと構想（アクションプラン）　⑥ 参考資料　など

3 探究を続ける

解決が困難な課題に直面しても，決してあきらめることなく，ねばり強く解決策を探究し続ける。

課題の解決策を探究する際には，正確な情報を得ること，さまざまな人と協力すること，想像力を働かせることが大切である。私たちは，これからも探究を続け，社会参画ができる人間に成長する必要がある。